Ulmer Taschenbuch 39

Harro Hieronimus

Der Wellensittich

2., verbesserte Auflage
49 Farbfotos
16 Zeichnungen

E.U.
VERLAG
EUGEN
ULMER

Zeichnungen von Karin Aichele, Ostfildern 2
Umschlagfoto: 1,0 Normal Dunkelblau, 1,0 Normal Hellgrün
Foto Seite 2: 1,0 Olivgrün, 0,1 Zimtopalin Graugrün
Foto Seite 7: 1,0 Dunkelblau, 0,1 Zimtopalin Graugrün, 1,0 Hellgrün

CIP-Titelaufnahme der Deutschen Bibliothek

Hieronimus, Harro:
Der Wellensittich / Harro Hieronimus. –
2., verb. Aufl. –
Stuttgart: Ulmer, 1990
(Ulmer-Taschenbuch; 39)
ISBN 3-8001-6801-4

NE: GT

Wollgrasweg 41, 7000 Stuttgart 70 (Hohenheim)
Printed in Germany
Satz: Typobauer Filmsatz GmbH, Ostfildern 3
Druck und Bindung: Georg Appl, Wemding

Vorwort

Nicht umsonst ist der Wellensittich das vielleicht beliebteste Heimtier. Mehr als drei Millionen dieser lustigen Kobolde werden in bundesdeutschen Haushalten gehalten, ihre Gesamtzahl in der Heimtierhaltung auch anderer Länder abzuschätzen ist nicht möglich.

Schaut man dem munteren Treiben in einer kleinen Voliere zu, amüsiert man sich über das tolpatschige Verhalten junger Wellensittiche in der Verkaufsausstellung eines Zoohändlers oder sieht man gar bei Freunden oder Bekannten einen zahmen und vielleicht auch noch sprechenden Vogel, so ist schnell der Wunsch nach einem oder mehreren dieser kleinen Hausgenossen da.

Schon mancher, ob jung oder alt, hat sich etwas einsam gefühlt, bevor ein Wellensittich zu seinem Hausgenossen wurde. Bei der Beschäftigung mit ihm ist es mit der Einsamkeit vorbei, und so haben Wellensittiche in solchen Fällen schon vielen Menschen Lebensfreude zurückgebracht.

Da auch die Zucht von Wellensittichen in den Anfängen leicht ist, ist der Schritt vom einfachen Halter zum Züchter nicht schwer und liegt auch nahe. Hier gilt es jedoch bestimmte Voraussetzungen zu beachten. Aber auch für den Nichtzüchter sind Schilderungen über Brut und Aufzucht von Interesse, weil er möglicherweise das Verhalten des Wellensittichs besser verstehen lernt.

Wer Wellensittiche kennt, weiß, daß sie in den verschiedensten Farbabstufungen vorkommen. Diese zu erläutern, ihr Zustandekommen zu erklären und auch dem Neuling zu helfen, die Farben zu erkennen, ist eine weitere wichtige Aufgabe dieses Buches. Es wendet sich sowohl an den Anfänger, der einen Wellensittich als zahmen und sprechenden Hausgenossen haben möchte, als auch an den etwas Fortgeschritteneren, der aus den speziellen Abschnitten des Buches noch dazulernen kann.

An dieser Stelle sei dem Verlag Eugen Ulmer, vor allem Herrn Roland Ulmer und Herrn Ulrich Commerell, für die gute Zusammenarbeit gedankt. Dank auch meiner Frau für ihr Verständnis sowie den vielen Freunden und Bekannten, die mich mit Tips und Hinweisen unterstützten. Vor allem danke ich aber den Wellensittichen, die ich bisher pflegen durfte, denn sie sind nicht nur die »Hauptsache« dieses Buches, sondern waren auch immer für eine Aufmunterung gut, wenn es mal nicht so recht weitergehen wollte.

Harro Hieronimus
Solingen, Sommer 1988

Inhalt

Von der Natur in unsere Wohnung

Die Heimat des Wellensittichs

Fast ganz Australien, mit Ausnahme eines schmalen Küstenstreifens, bildet nach neuerer Erkenntnis das Heimatgebiet der Wellensittiche. Hauptsächlich sind sie jedoch in den Steppen des australischen Binnenlandes anzutreffen, meist dort, wo nach Niederschlägen für einige Zeit ausreichende Nahrung vorhanden ist. Sie sind nicht an bestimmte Gebiete oder Standorte gebunden, sondern nomadisieren, d.h. ziehen über teilweise sehr weite Strekken, sogar über Tausende von Kilometern, durch den australischen Kontinent.

Der Wellensittich wurde im Jahre 1805 zum ersten Mal durch Shaw und Norder für die Wissenschaft als *Psittacus undulatus*, Wellenpapagei, beschrieben. Der britische Forscher John Gould gab ihm dann 1840 den noch heute gültigen Namen *Melopsittacus undulatus*, melodischer Wellenpapagei. Dabei kann man aber am Gesangstalent dieses kleinen Vogels durchaus zweifeln.

Die in Australien freilebenden Wellensittiche werden nur 18 cm lang (einschließlich Schwanz), sind 35–40 g schwer und haben eine schlanke Figur. Fast alle von ihnen sind hellgrün gefärbt, d.h. der Bauch und die Flügel sind leuchtend grün, Kopf und Rücken butterblumengelb. Darüber liegt auf der Rückseite im Nacken beginnend und die Flügel einschließend eine schwarze Wellenzeichnung, von der der wissenschaftliche Name herrührt. In der australischen Steppe, in Büschen und Bäumen ergibt sich so eine vorzügliche Tarnfärbung. Nur selten finden sich in der Natur blaue oder sogar hellblaue Vögel, die sich aber im Gegensatz zu den Albinos sogar durchsetzen können und eine fast normale Lebenserwartung haben. Albinos als auffallend helle Vögel dagegen bilden für Greifvögel ein besonders gutes Ziel und werden daher selten alt.

Wellensittiche sind typische Schwarmvögel. In Gegenden mit gutem Nahrungsangebot kann man Schwärme von mehreren zehntausend Tieren beobachten. Das machten sich früher – vielleicht sogar noch heute – die Eingeborenen Australiens zunutze, die dann einfach ihren Bumerang in einen auffliegenden Schwarm warfen und so mit einem Wurf bis zu 25 Wellensittiche erbeuteten, in dieser eiweißarmen Gegend eine wichtige Ergänzung der Ernährung. Aus dem Namen der Eingeborenen für den Wellensittich, bedgerigah, leitet sich übrigens der englische Name »budgerigar« ab.

Wie die kleinen Vögel herausfinden, wohin sie fliegen müssen, um ein Gebiet zu finden, in dem es genügend Nahrung gibt, um eine Brut großzuziehen, ist auch heute noch nicht geklärt. Sie sind keine Zug-, sondern Strichvögel, d.h. manchmal sind sie Jahre oder Jahrzehnte nicht in einem Gebiet anzutreffen, wenn es jedoch ergiebig geregnet hat, tauchen sie plötzlich auf und bleiben für eine oder sogar zwei Bruten.

Ihr Abflug hängt alleine davon ab, wann die Nahrung langsam versiegt. Dann bleiben sie noch wenige Tage, bis einige weitere Junge flügge sind. Der

Wellensittich-Männchen in Normal Hellgrün. So muß man sich die Farbe des Wildvogels vorstellen.

Schwarm zeigt aber schon eine deutliche Unruhe und unternimmt bereits größere »Probeflüge«. Wie auf ein geheimes Kommando fliegt eines Tages der ganze Schwarm ab. Zurück bleiben die noch nicht flüggen Nestlinge und alte oder kranke Vögel, die relativ schnell verhungern oder ein Opfer von Reptilien, Greifvögeln und auch der Einheimischen werden, so daß nach wenigen Tagen kaum noch zu erkennen ist, daß an dieser Stelle vor kurzem noch Tausende von Vögeln brüteten.

Ab und zu enden die Flüge dieser Schwärme aber auch in einer Katastrophe. In besonders trockenen Jahren sind schon Zehntausende von Wellensittichen an einer einzigen als Viehtränke bestimmten Wasserstelle ertrunken, da sie durch fehlende Nahrung geschwächt waren. Nicht selten suchen sie dann sogar in Häusern Kühlung vor der manchmal mörderischen Hitze von über 50 °C. Obwohl Wellensittiche bei relativ geringer Luftfeuchtigkeit über einen Monat auf die Wasseraufnahme verzichten können, nehmen sie zum Teil weite Flüge auf sich, um an eine Wasserstelle zu gelangen. Während nach Regenzeiten die Flüge zur Nahrungssuche – fast ausschließlich werden verschiedene halbreife und reife Sämereien aufgenommen, auch für die Aufzucht der Jungen – sich erst allmählich weiter ausdehnen, sind die seltenen Wasserstellen auch unter normalen Bedingungen meist nur über weite Strecken zu erreichen.

Wellensittiche sind keinesfalls wasserscheu. Zur Versorgung der Weibchen und der Jungen fliegen die Männchen ähnlich wie Schwalben dicht über das Wasser, benetzen ihr Brustgefieder dabei durch kurzes Eintauchen, um dann zum Brutplatz zurückzukehren. An den Wasserstellen kann man häufig beobachten, wie die Wellensittiche an flachen Stellen spritzend baden. Dabei sind sie manchmal so durchnäßt, daß sie erst ihr Gefieder trocknen müssen, ehe sie wieder fliegen können.

Für das Brüten sind nur die Weibchen zuständig. Sie nagen eine Höhle, meist in die morschen Bestandteile von Bäumen (oft in Eukalyptus). Die üblichen vier bis sechs Eier werden 18 Tage bebrütet, wobei im allgemeinen die Brut bereits mit dem zweiten oder sogar schon ersten Ei beginnt und die Jungen daher in den Abständen schlüpfen, in denen die Eier gelegt wurden. Während der Brutzeit und solange, bis die Jungen befiedert sind, verläßt das Weibchen die Bruthöhle nur, um Kot abzusetzen. In dieser Zeit übernimmt das Männchen die Ernäh-

Eine bunte, muntere Gesellschaft verschiedenartiger Wellensittiche.

rung mit Sämereien und beschafft Wasser. Während zuerst überwiegend das Weibchen die Jungen füttert, fällt diese Aufgabe, je größer die Jungen werden, immer mehr dem Männchen zu.

Nach etwa einem Monat fliegen die Jungen aus, jetzt nur noch an den kürzeren Schwänzen und dem blasseren Gefieder erkennbar. Normalerweise brüten Wellensittiche zweimal hintereinander, dies nimmt etwa fünf Monate in Anspruch, um dann ein gutes halbes Jahr damit auszusetzen. In besonders trockenen Jahren kann es jedoch vorkommen, daß sie gar nicht brüten, manchmal mehrere Jahre hintereinander nicht, während in sehr nahrungsreichen Jahren drei aufeinanderfolgende Bruten bereits beobachtet wurden. Bis heute hat es der Wellensittich in Australien geschafft, sich trotz aller widrigen Umstände und Bedrohungen seinen gesicherten Platz in der einheimischen Fauna zu behaupten.

Wie aus dem Wildvogel ein Heimtier wurde

John Gould brachte 1840 die ersten Bälge von Wellensittichen nach England, und bald ergab sich der Wunsch, diese kleinen Papageien auch einmal lebend kennenzulernen. In der Mitte des 19. Jahrhunderts wurde mit der zunehmenden Industrialisierung und Verstädterung in Westeuropa das Verlangen nach Heimtieren immer größer. Nachahmende Vögel, wie Papageien, oder gute Sänger, wie Kanarienvögel, waren ja bereits schon lange in Menschenobhut gepflegt worden.

Schon vor 1845 begann man daher systematisch, in Australien Wellensittiche zu fangen. Dabei mußten die mit Netzen oder auf mit Leim bestrichenen Ästen vor allem in den Brutgebieten oder an Wasserlöchern gefangenen kleinen Vögel unvorstellbare Qualen erleiden. Zu vielen Tausenden dicht zusammengepfercht wurden sie unter Deck, also fast immer in vollständiger Dunkelheit, viele Wochen lang von Australien bis nach England auf Schiffen transportiert. Ihre einzige Nahrung bestand wahrscheinlich in Schiffszwieback und anderen für den Menschen bestimmten Lebensmitteln, da damals noch niemand wußte, wovon sie sich in der Natur ernähren.

Es grenzt daher fast an ein Wunder, daß trotzdem noch einige Vögel lebend nach England kamen und zu fast unvorstellbaren Preisen verkauft wurden. Bei diesen Erstimporten stellte man fest, daß sich Wellensittiche in Gefangenschaft leicht an Hirse und Glanz gewöhnen lassen, beides Futtermittel, die man seit längerem in der Kanarienvogelhaltung und -zucht benutzte. So überlebten immer mehr Wellensittiche die lange Überfahrt und angesichts der nun fallenden Preise stieg auch das Interesse an ihnen stark an.

Nachdem sich die Wellensittiche recht gut an das ungewohnt naßkalte englische Klima angepaßt hatten, wurden um 1850 auch die ersten Vögel nach Deutschland exportiert. Inzwischen zeigte sich, daß man mindestens zwei dieser Tiere zusammenhalten muß, wenn sie nicht kümmern und in kurzer Zeit sterben sollen. Allerdings gelang in den ersten Jahren noch keine

Zucht. Niemand wußte, wie die Fortpflanzung in der Natur vor sich ging, und in die Käfige wurden immer nur offene Kanarienbrutschalen gestellt. Durch Zufall gelang in Deutschland die erste Zucht 1855. Eine wohlhabende Frau aus Berlin hatte sich ein Pärchen angeschafft und den Vögeln wohl mehr zum Spielen eine ausgehöhlte Kokosnußschale mit einem Schlupfloch in den Käfig gegeben. Diese Schalen waren vor allem in der Finkenzucht gebräuchlich. Dort hinein zwängte sich jedenfalls das Weibchen und bereits der erste Zuchtversuch erbrachte einige Junge. Nur wenig später gelangen weitere Zuchten, immer dort, wo Wellensittiche mit Finken zusammengehalten wurden und sie die eigentlich für die Finken bestimmten eingehängten Kokosnußschalen benutzen konnten. Deshalb dachte man lange Jahre, Wellensittiche bräuchten unbedingt Kokosnußschalen, um sich fortpflanzen zu können. Erst später merkte man, daß etwas größere Holzkästen viel bessere Dienste leisten konnten, denn nun brauchten sich die Weibchen und die ausfliegenden Jungvögel nicht immer durch das enge Einschlupfloch zu quälen und die Prozentzahl geglückter Zuchten stieg schnell an.

Bereits 1880 wurden, vor allem im mit mildem Klima gesegneten Südfrankreich, Hunderttausende von Wellensittichen für die Haltung im Haus gezüchtet. Wenige Jahre später war der Import von Wellensittichen schon unrentabel, nachgezüchtete Vögel konnten billiger und in guter Qualität die Nachfrage vollständig abdecken. Das Exportverbot, welches Australien um etwa 1900 erließ, hatte daher keinen Einfluß mehr auf die weitere Verbreitung, die sich durch nichts mehr stoppen ließ. Die beiden Weltkriege brachten zwar Rückschritte, die Verluste wurden aber bald wieder aufgeholt.

Bei Jungvögeln, die von den Eltern verlassen worden waren, oder deren Elterntiere zu früh starben, also bevor die Jungen selbständig waren, stellte man fest, daß man Wellensittiche auch entgegen der bis dahin geltenden Meinung einzeln halten kann. Der bekannte Heimvogelkenner Ruß berichtete, daß eine Frau Maier in Stuttgart im Jahre 1877 einen zahmen und auch sprechenden Vogel als Einzeltier hielt. Trotzdem dauerte es bis zum Ende des 19. Jahrhunderts, bis allgemein bekannt war, daß von frühester Jugend an einzeln gehaltene Wellensittiche, wenn man sich viel mit ihnen beschäftigt, sehr zahm und anhänglich werden können und unter ihnen teilweise sehr gute Sprecher sind. Dies hat sicherlich dazu beigetragen, daß der Wellensittich während der letzten 80 Jahre zum beliebtesten Heimvogel neben dem Kanarienvogel geworden ist.

Der Beliebtheit und der umfangreichen Nachzucht sind auch die heute existierenden vielen Farbformen zu verdanken. Zwar kommen, wie bereits beschrieben, Farbmutationen, also sprunghafte Veränderungen der Gefiederfarbe, auch in der Natur vor, allerdings nur sehr selten. In Gefangenschaft widmete man sich aber besonders diesen Farbmutanten und züchtete mit ihnen weiter. So verbreiterte sich die Farbpalette der Wellensittiche bis auf den heutigen Tag sehr schnell und es kamen viele neue Farben durch gezielte Zucht, aber auch durch neue Mutationen zustande, auf die in einem späteren Kapitel noch ausführlich eingegangen wird.

Als Heimvogel hat sich aber auch die grüne Wildform einen guten Platz erobert und diejenigen unter ihnen, die nicht zu groß geraten sind, können uns einen guten Eindruck von dem zierlichen Wildvogel aus der australischen Steppe verschaffen, der nun auf eine immerhin über 130jährige Geschichte als Heimtier zurückblicken kann.

Die Auswahl des richtigen Wellensittichs

Was man vor dem Kauf bedenken sollte

Wer sich einen oder mehrere Wellensittiche anschaffen möchte, muß sich vor dem Kauf über einige Voraussetzungen klar sein. Denn schließlich handelt es sich darum, ein oder mehrere lebende Tiere zu kaufen, die bei guter Haltung ein Alter von bis zu fünfzehn Jahren erreichen können.

Die richtige Unterbringung ist natürlich die wichtigste Voraussetzung. Für den Käfig oder die Voliere muß ein geeigneter, vor allen Dingen zugfreier Standort gefunden werden, der durchaus belebt sein darf, denn Wellensittiche lieben die Gesellschaft. Allerdings sollte aus hygienischen Gründen und auch wegen der Belästigung der Vögel durch die entstehenden Dünste nicht unbedingt die Küche als Standort gewählt werden. Gegen eine Plazierung im Wohn- oder Kinderzimmer ist allerdings nichts einzuwenden.

Der Standort für den Käfig sollte etwa in Augenhöhe liegen und muß natürlich hell sein. Ständig im Sonnenlicht, etwa direkt vor einem Südfenster, sollte er sich jedoch nicht befinden, aber gelegentliche Sonnenbestrahlung schadet auf keinen Fall. Hält man Wellensittiche im Käfig, wie es meist üblich ist, dann muß man ihnen auch die Möglichkeit zum Freiflug geben. In einer Wohnung, in der ein Wellensittich gehalten wird, findet man immer wieder Federchen oder Futterreste sowie andere Überbleibsel. Damit muß man von vornherein rechnen und den zusätzlichen Reinigungsaufwand mit einkalkulieren.

Die Anschaffung eines Wellensittichs als Heimtier müssen alle Familienmitglieder akzeptieren. Vor allem bei Kindern, die sich häufig einen Vogel als Spielgefährten wünschen, ist jedoch zu beachten, daß sie sich oft schnell für eine Sache begeistern, diese Begeisterung jedoch oft schon kurz danach wieder abklingt. Dann muß ein anderes Familienmitglied die Pflege fortführen und sich mit dem Vogel beschäftigen.

Ist schon ein anderes Heimtier vorhanden oder will man sich in den nächsten Jahren ein weiteres zulegen, muß man erst klären, ob der neue Hausgenosse auch wirklich dazu paßt. In einem Haushalt mit Katzen sind Wellensittiche fehl am Platz. Zum einen kann man dann den Wellensittichen keinen Freiflug gewähren, ohne die Katze einzusperren, zum anderen wird schon die Gegenwart der Katze die Vögel ängstigen. Auch bei einer sonst zahmen Katze kann bei entsprechender Gelegenheit der Jagdtrieb ausbrechen. Schließlich zählen Vögel zur natürlichen Nahrung von Katzen. Ein Hund, der vorsichtig an den neuen Hausgenossen gewöhnt wird, ist da schon viel unproblematischer. Dagegen kann man den Wellensittich mit vielen anderen Vögeln vergesellschaften (s. Kapitel »Kann man einen Wellensittich auch mit anderen Vögeln zusammen pflegen?«).

Schon vor dem Kauf sollte geklärt werden, was mit dem Wellensittich in der Urlaubszeit oder während einer Krankheit des Pflegers geschieht. Entweder vereinbart man vorher mit dem Verkäufer, daß man den oder die Wellensittiche dort in Pflege geben kann

Wellensittiche brauchen die Gesellschaft. Einen Teil des Tages bringen sie damit zu, sich gegenseitig zu kraulen.

(viele Zoofachhändler bieten heute diesen Service gegen eine geringe Kostenerstattung an) oder man gibt sie einem Bekannten, Nachbarn oder Verwandten, von dessen Zuverlässigkeit man überzeugt ist, in Pflege. Allerdings wird dies nur mit einem Einzelvogel oder einem Pärchen möglich sein, ansonsten nehmen beim Zoohändler die Kosten und bei den Verwandten die Mühen überhand. Eine Voliere kann man kaum in Pflege geben. Da muß man schon vor dem Kauf wissen, wen man mit der täglichen Pflege der Wellensittiche in der eigenen Wohnung betrauen kann.

Einzelvogel oder nicht?

Eine der wichtigsten Fragen, die sich ein zukünftiger Wellensittichhalter zu stellen hat, ist die, ob er einen, zwei oder mehrere Wellensittiche halten will.

In der Natur ist der Wellensittich ein Schwarmvogel. Auch in der Käfighaltung ist er auf Gesellschaft angewiesen, wenn er nicht vor sich hin kümmern soll. Vor allem junge Wellensittiche schließen sich aber auch schnell an den Menschen als Partner an.

Für Berufstätige, die nur abends und am Wochenende Zeit haben, sich um ihr Haustier zu kümmern, ist daher ein einzelner Wellensittich nicht geeignet. Mit einer Viertelstunde Zuspruch am Abend, wenn er schon schläfrig wird, gibt sich keines dieser kleinen Energiebündel zufrieden. Ein- bis anderthalb Stunden am Tag muß man sich ihm schon widmen, wenn auch ein Teil dieser Zeit für den Freiflug verwendet werden kann. Die beste Zeit für die Beschäftigung sind Vormittag und früher Nachmittag, dann sind Wellensittiche am aufnahmefähigsten.

Wer nachmittags schon relativ früh nach Hause kommt, kann sich aber durchaus auch einen Einzelvogel halten. Man sollte sich in den ersten Wochen nur etwas mehr Zeit nehmen, damit der Vogel auch richtig zahm wird. Hat sich der Wellensittich daran gewöhnt, daß sein Halter erst nachmittags kommt, so verschläft er den Vormittag und ist dann bis in den späten Abend hinein aktiv. Natürlich dauert diese Umgewöhnung einige Wochen, während der er erst nach und nach seine Schlafzeiten ändert. Aber auch hier muß man bereit sein, einen Teil seiner Freizeit für den Umgang mit dem Wellensittich zu opfern.

Mit wirklich zahmen, zutraulichen und vielleicht sogar sprechenden Wellensittichen kann man nur dann rechnen, wenn man sie einzeln hält, da sie sich dann bei Fehlen eines anderen Partners schnell an den Menschen gewöhnen. Deswegen sollte derjenige, der gerne Wellensittiche halten möchte, dafür jedoch nicht allzuviel Zeit aufbringen kann, auf die Einzelhaltung verzichten. Das gilt auch für alle anderen Papageien und Sittiche. Eine paarweise oder sogar Volierenhaltung ist natürlich trotzdem möglich, wenn man den Vögeln genügend Möglichkeiten zur Beschäftigung bietet.

Ein kleiner Test für zukünftige Wellensittichbesitzer

1. Sind Sie sich dessen bewußt, daß ein Wellensittich fünfzehn Jahre alt werden kann und in dieser Zeit regelmäßige Pflege benötigt?
2. Sind alle Familienmitglieder mit dem Erwerb einverstanden und auch alle bereit, im Notfall für die Pflege zu sorgen?
3. Haben Sie einen geeigneten Standort für den Käfig?
4. Wissen Sie, was Sie mit dem oder den Wellensittichen machen, wenn Sie in Urlaub fahren oder krank sind?
5. Wenn sich der Käfig in der Wohnung befindet, sind Sie bereit, immer für den nötigen Freiflug zu sorgen?
6. Haben Sie sich klar gemacht, daß nicht nur der Vogelkäfig regelmäßig gereinigt werden muß, sondern daß auch die Umgebung des Käfigs und, bei Freiflug, der ganze Raum zusätzlich zu putzen ist?
7. Sind Sie bereit, für einen kranken Vogel entsprechende Medizin zu besorgen und mit ihm eventuell einen Tierarzt aufzusuchen?
8. Sind Sie sich im klaren, daß Wellensittiche fast ständig Geräusche produzieren? Ihre normale Lautäußerung ist zwar eher ein Zwitschern, aber Vögel, die sich streiten oder alleine gelassen fühlen, können recht laut werden.

Zusätzliche Fragen, wenn ein Einzelvogel gehalten werden soll:

9. Haben Sie auch wirklich die Zeit, die ein Wellensittich täglich in Anspruch nimmt?
10. Sind Sie bereit, weiter für den Wellensittich zu sorgen, auch wenn er nicht so zahm wird, wie Sie es sich vorstellen?
11. Sind Sie bereit, wenn Sie aus Gründen, die Sie jetzt noch nicht kennen, zu wenig Zeit für den Wellensittich haben, ihm einen Partner zu kaufen?

Was man kurz nach dem Kauf berücksichtigen muß

Für den Wellensittich sind seine ersten Lebenswochen, nachdem er vom Züchter zum Halter gekommen ist, mit vielen, oft verwirrenden neuen Eindrücken verbunden. Auch muß er sich erst an die Trennung von Eltern und Geschwistern gewöhnen. Deshalb läßt man ihn in den ersten Tagen im neuen Heim erst einmal zur Ruhe kommen. Man sollte anfangs nicht zu dicht an den Käfig herantreten und auch erst nach einer Woche mit dem Freiflug beginnen. Nach zwei bis drei Wochen ist der neue Hausgenosse dann vollkommen eingewöhnt.

Schauwellensittich oder Hansi-Bubi-Vogel?

Wer die heute bei den Züchtern gehaltenen und im Geschäft angebotenen Wellensittiche betrachtet, wird feststellen, daß in der Gefiederfärbung meist nur noch wenig Gemeinsamkeiten mit dem ursprünglichen, im ersten Kapitel beschriebenen Wildvogel bestehen. Aber auch die Körpergröße vieler Wellensittiche hat kaum noch Ähnlichkeit mit dem kleinen, schlanken Wildvogel.

Trotz der gar nicht so langen Zeit, die der Wellensittich bereits in menschlicher Obhut gehalten und gezüchtet wird, gibt es ihn heute in einer Vielzahl von Farben. Die ersten davon waren das Ergebnis von Mutationen. Dies sind sprunghafte, zufällige Änderungen der Gene bei der Vererbung, die man nicht planen kann. Mutationen sind bei Wellensittichen nicht selten und auch sonst aus der Natur bekannt. So sind in Australien bereits blaue Vögel oder Albinos beobachtet worden, die in normalen Schwärmen mitflogen.

Viele Züchter legen heute sogar besonderen Wert auf Mutationen und versuchen, durch gezielte Weiterzucht die Farben zu festigen und neue Farbkombinationen herauszuzüchten. Über die Vererbungslehre wird im Kapitel über die Zucht noch zu sprechen sein.

Die Erhaltung der Mutationen durch Zucht führte zu einer Vielzahl von Farben. Früher entstanden eher zufällig Kontakte zwischen den Züchtern, um neues Zuchtmaterial zu erhalten. 1925 wurden fast zeitgleich in Deutschland und England, auch heute noch Hochburgen der Wellensittichzucht, Schauvereinigungen gegründet. Schon bald wurde ein erster allgemeiner Standard erstellt, also eine Musterbeschreibung, wie Wellensittiche eines bestimmten Farbschlages aussehen sollen.

Während des Zweiten Weltkrieges kam es in England zu einer Mutation, die besonders große Wellensittiche, die sogenannten Langflügel, zur Folge hatte. Dies bewirkte, daß auf der britischen Insel bald nur noch Wellensittiche gezüchtet wurden, die möglichst groß und kräftig waren. Nach der Wiederaufnahme der Kontakte zwischen den deutschen und englischen Züchtern nach dem Zweiten Weltkrieg kam es auch in Deutschland im Schauwesen zu einer ähnlichen Entwicklung (allerdings wurden nicht ganz so große und schwere Vögel angestrebt wie in England). Diese Schauvögel sind allerdings längst nicht mehr so fruchtbar wie die kleineren vom Typ des Wildvogels. Dies führte zu einer Aufspaltung bei der Zucht, zum einen in Schauwellensittiche, zum anderen in Vögel für den Heimtiermarkt. Da viele Halter ihren Tieren Namen geben, hatten die speziell für die Haltung im Haus gezüchteten Vögel schnell ihren Namen weg: Hansi-Bubi-Vögel. Sie sind als Heimtiere besonders geeignet, denn sie sind weniger anfällig gegen Krankheiten und lebhafter. Die meisten in den Zoogeschäften angebotenen Vögel gehören zum Typ Hansi-Bubi-Vogel.

Schauwellensittiche findet man nur selten in Zoogeschäften. Da sie schwerer zu züchten sind, sind sie auch teurer und werden schlechter abgesetzt. Gelegentlich sieht man jedoch sogenannte Halbstandardwellensittiche (Standardwellensittich war früher die Bezeichnung für den Schauwellensittich), meist sind dies für Ausstellungen farblich oder größenmäßig nicht geeignete Schauwellensittiche, die jedoch kaum Nachteile für die Heimtierhaltung gegenüber den Hansi-Bubi-Vögeln haben.

Wer Wellensittiche halten will, ohne zu züchten, der wird diese auch kaum ausstellen wollen, denn ausgestellte Vögel müssen in aller Regel selbst nachgezüchtet sein. Daher kann man ohne Bedenken Hansi-Bubi-Vögel als Haustiere kaufen. Dabei kann man sich auch die Farben aussuchen, die dem persönlichen Geschmack entsprechen und z.B., wenn man sich ein Pärchen kauft, auch zwei verschiedenfarbige Vögel nehmen. Wer jedoch ernsthaft züchten will, der muß sich am bestehenden Standard und den darin aufgeführten Richtlinien für Färbung und Aussehen des idealen Schauwellensittichs orientieren, wenn er Erfolg haben will. Davon, wie auch über die Vererbungslehre, mehr in einem späteren Kapitel.

Worauf soll man beim Kauf des Wellensittichs achten?

Natürlich ist jeder Käufer daran interessiert, möglichst einen gesunden Vögel zu kaufen. Es gibt daher einige wichtige Kriterien, die es zu beachten gilt, wenn Sie längere Zeit Freude an ihrem Wellensittich haben wollen.

1. Das Gefieder muß glatt anliegen und darf keine Lücken aufweisen. Die Schwanzfedern sind bei jungen Vögeln noch nicht ganz ausgebildet, dürfen also kürzer sein als bei einem erwachsenen Wellensittich. Allerdings muß er zu kurzen Flügen fähig sein, es könnte sich sonst um einen Renner (s. Kapitel »Krankheiten«) handeln. Wenn im Sommer und bei sehr warmer Beleuchtung die Temperatur zu hoch steigt, stellen die Wellensittiche die Flügel leicht ab, um sich so Kühlung zu verschaffen. Mit einer Krankheit hat dies also nichts zu tun.
2. Vögel, die aufgeplustert auf der Stange sitzen und sich schon im Geschäft leicht aus dem Käfig fangen lassen, sind krank. Ein gesunder Vogel mag es nicht, gefangen zu werden und versucht daher, der Hand zu entkommen. Allerdings sollte man seinen Vogel möglichst bei Tageslicht, aber nicht während der

Mittagszeit aussuchen, denn auch Wellensittiche können einen kleinen Mittagsschlaf halten. Weiterhin ist zu beachten, daß auch kranke Vögel, wenn ein Mensch direkt vor ihrem Käfig steht, das Gefieder anlegen.

3. Das Gefieder um den After darf nicht verschmutzt oder verklebt sein. Man sollte den ins Auge gefaßten Wellensittich solange beobachten, bis er kotet. Der Kot muß mittelgrün, fest und mit einem weißen Zentrum versehen sein. Nach dem Fang (auch noch im Transportbehälter) kann es allerdings zu einer wässrigen Schreckausscheidung kommen, die jedoch normal ist.
4. Die Beine und Füße müssen sauber sein. Und Sie sollten auch keine Wellensittiche aus einem unsauberen Käfig kaufen, denn durch die große Ansteckungsgefahr bei mangelnder Hygiene können diese Vögel bereits Krankheitskeime in sich tragen.
5. Die Nase muß genau betrachtet werden. Sie darf keine Risse haben. Die Nasenlöcher müssen frei und unverschmiert sein. Der Wellensittich muß ruhig atmen, er darf nicht hecheln und es darf kein leises Rasseln zu hören sein.
6. Nimmt man den Wellensittich vor dem Kauf in die Hand und bläst leicht in sein Brustgefieder, so sollten die dichten, feinfiedrigen Daunen und dazwischen ein bißchen rosige (nicht rote) Haut sichtbar sein. Gelbliche Haut deutet auf Verfettung hin. Ebenso muß sich die Brustmuskulatur auf leichten (!) Druck hin fest, nicht schwammig anfühlen, auch dies wäre sonst ein Zeichen für eine lebensverkürzende Verfettung, meist entstanden durch mangelnde Bewegung und falsche Fütterung.
7. Achten Sie darauf, einen jungen Wellensittich zu kaufen. Bei einem Schauwellensittich kann man das Alter am Ring ablesen, den er als Jungvogel geschlossen umgelegt bekommen hat. Will man ihn für die Zucht einsetzen, darf er auch schon ein bis anderthalb Jahre alt sein. Die für den Verkauf gezüchteten Vögel werden jedoch oft erst dann beringt, wenn sie abgegeben werden. Gelegentlich findet man im Zoohandel auch Exemplare, die in der Zucht verwendet wurden und aus Altersgründen abgegeben werden. Wie man einen Jungvogel erkennt, wird im Kapitel über das Alter des Wellensittichs beschrieben. Gute Zoohändler haben feste Züchter, die sie regelmäßig mit jungen Vögeln beliefern. Wer möglichst schnell einen zahmen Vogel haben möchte, sollte darauf warten, bis der Händler eine neue Lieferung bekommt und dann einen Vogel nehmen, der zwischen fünf und sechs Wochen alt ist.

Männchen oder Weibchen?

Wer sich einen Einzelvogel halten will, wird sich vor dem Kauf vielleicht die Frage stellen, ob es ein Männchen oder Weibchen sein soll. Oft hört man, daß nur Männchen sprechen sollen. Tatsache scheint zu sein, daß Männchen etwas leichter sprechen lernen, während Weibchen zwar weniger Worte lernen, jedoch deutlicher sprechen und vor allem besser pfeifen. Wenn man sich einen Wellensittich kauft, gehört auch etwas Glück dazu, ob er sprechen lernt oder nicht, denn es gibt große Unterschiede.

Will man aber trotzdem einem bestimmten Geschlecht den Vorzug geben, so kann man sich gut an der Farbe der Nasenwachshaut orientieren. Bei jungen Männchen ist diese einheitlich rosa, bis in die Nasenlöcher hinein. Junge Weibchen haben zwar auch eine rosige Nasenwachshaut, diese ist jedoch zu den Nasenlöchern hin fast weißlich und hat oft einen dunklen, ins Bläuliche gehenden Schimmer. Ältere Weibchen haben immer eine braune, ältere Männchen eine meist blaue, gelegentlich auch rosafarbene Nasenwachshaut (s. Kapitel »Farbschläge des Wellensittichs«).

Bei der Haltung von zwei Tieren, der sogenannten paarweisen Haltung, muß es sich nicht unbedingt um ein Pärchen handeln. Auch zwei Männchen vertragen sich gut untereinander und können sogar beide zahm werden. Sprechen lernen werden sie allerdings nicht.

Wer sich beide Geschlechter zulegt, sollte daran denken, daß man Wellensittiche nicht einfach züchten darf, sondern bestimmte Voraussetzungen erfüllen muß (s. Kapitel »Was man vor der Zucht beachten muß«). Ohne geeignete Brutmöglichkeit fangen Wellensittiche aber nur selten mit Zuchtbemühungen an, obwohl Eier manchmal sogar auf dem Käfigboden abgelegt werden. Eine Zucht muß dann allerdings durch Wegnahme der Eier verhindert werden.

Auf gar keinen Fall darf man zwei Weibchen kaufen. Solange sie jung sind, macht dies nichts, aber sobald sie geschlechtsreif sind, also etwa nach einem dreiviertel Jahr, fangen sie an, sich um die nicht vorhandenen Zuchtplätze, das Futter, Wasser, Spielzeug und alles andere zu streiten. Das fast ständige laute Gezeter der Tiere geht auch dem geduldigsten Halter nach kurzer Zeit auf die Nerven. Und die Tiere leiden natürlich auch darunter, das unterlegene Weibchen kann dabei sogar zu Tode kommen.

Bei dieser Gelegenheit sei noch erwähnt, daß männliche oder weibliche Wellensittiche nicht immer als Männchen oder Weibchen bezeichnet werden wie in diesem Buch. Gelegentlich hört man auch vom Hahn bzw. der Henne sprechen. In Anzeigen und bei Fotos von Wellensittichen liest man oft von 1,0 für Männchen und 0,1 für Weibchen. 3,3 Wellensittiche sind demnach drei männliche und drei weibliche Vögel.

Wie alt ein Wellensittich wird und wie man sein Alter erkennt

Das Höchstalter von Wellensittichen liegt sicher bei etwa 15 Jahren. Allerdings handelt es sich dabei um Ausnahmen, vor allem bei zahmen Heimvögeln. Normalerweise muß man jedoch davon ausgehen, daß ein Alter von mehr als zehn Jahren nur selten erreicht wird. Meist hängt dies dann mit der Zuchtbeanspruchung oder mit unzureichender Ernährung zusammen.

Auch in der Natur werden Wellensittiche wahrscheinlich nicht viel älter als acht bis zehn Jahre. Sie finden dort vielleicht das geeignete Futter und haben seltener als bei uns Mangelkrankheiten, aber im sehr trockenen Heimatgebiet des Wellensittichs sind die Lebensbedingungen nicht gerade einfach und verlangen vor allem für die Zucht den Einsatz der vollen Energie des kleinen Vogels.

Auch in der Heimtierhaltung spielt die Zucht die wichtigste Rolle als lebensverkürzender Faktor. Ein Wellensittich, der bei geeigneten Bedingungen nicht am dauernden Brüten und Aufziehen der Jungen gehindert wird, ist schon innerhalb weniger Jahre verbraucht. Bei drei Jahresbruten kann man mit einem durchschnittlichen Höchstalter von fünf bis sechs, bei zwei Jahresbruten immerhin von etwa acht Jahren rechnen. Dabei werden allerdings die wenigsten Wellensittiche noch im sechsten Lebensjahr oder später brüten. Ältere Männchen kann man dann aber trotzdem noch ohne Schäden bei der Jungenaufzucht helfen lassen, nur darf man sie dabei nicht überanspruchen.

Ihre beste Phase, in der sie auch als Heimvögel am aktivsten sind und in der Zucht die besten Leistungen erbringen, haben Wellensittiche im zweiten und dritten Lebensjahr. Wer es unbedingt versuchen will, kann ausnahmsweise in diesen beiden Jahren zusammengenommen fünf Bruten versuchen, beste Bedingungen bei Haltung und Zucht vorausgesetzt. Mit fünf, spätestens mit sechs Jahren sollte man aber auch wertvolle Vögel aus der Zucht nehmen, um ihnen sozusagen den verdienten Lebensabend zu gönnen.

Gelegentlich gibt es jedoch auch Züchter, vor allem unter denjenigen, die für den Heimtiermarkt züchten und ihre Wellensittiche mit den offenen amtlichen Ringen versehen, die dem Händler auch Vögel liefern, die zu alt für die Zucht sind. Für die Heimtierhaltung sind aber nur Vögel unter einem halben Jahr geeignet, danach werden sie kaum noch zahm und an alten Zuchtvögeln hat man auch nicht mehr lange Freude. Deswegen ist es wichtig, einen jungen Wellensittich sicher zu erkennen.

Wichtigstes Kennzeichen für die Altersabschätzung ist die Nasenwachshaut. Bei erwachsenen Wellensittichen ist sie blau (Männchen, außer bei einigen Farbenschlägen, siehe dort) oder braun (Weibchen). Junge Männchen haben eine gleichmäßige rosafarbene Nasenwachshaut, bei jungen Weibchen ist sie ungleichmäßig, hat einen bläulichen Schimmer und ist etwas gefleckt, auch ist sie um die Nasenlöcher herum heller.

Der Schnabel ganz junger Wellensittiche ist meist dunkel gefleckt. Die Augen zeigen noch keinen hellen Irisring, wobei es allerdings auch hier einige Farbschläge gibt, bei denen auch später der Irisring nicht sichtbar wird. Die Beine und Zehen sind glatt und keinesfalls schuppig und rauh, wie man es nur von älteren oder kranken Vögeln kennt. Die Gefiederfarbe ist noch relativ blaß, die Kehltupfen sind klein. Vor

So bezeichnet man die einzelnen Körper- und Gefiederteile des Wellensittichs. Maske und Nacken sind durch die punktierte Linie abgegrenzt.

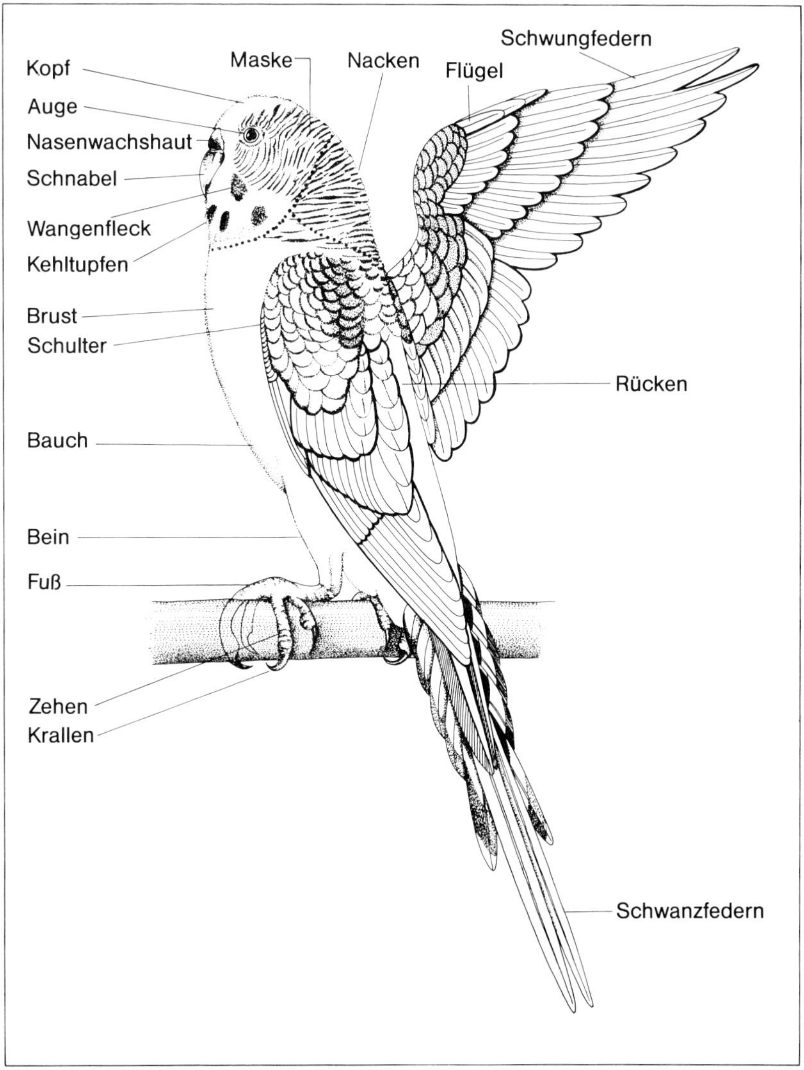

allem die Schwanzfedern sind noch nicht ganz ausgewachsen, wobei jedoch gelegentlich auch Vögel mit beim Transport abgestoßenen Schwanzfedern zum Verkauf kommen. Vorsicht ist geboten, wenn ein Teil der langen Federn fehlt, hier kann es sich um einen Renner handeln (s. Kapitel »Krankheiten«) und man sollte vom Kauf Abstand nehmen.

Auch am Verhalten kann man das Alter eines Wellensittichs erkennen. Gesunde Jungvögel sind nicht nur sehr neugierig und sehr aktiv, sondern wirken auch noch etwas tolpatschig. Zu kleinen Zänkereien und Streitigkeiten kommt es häufig zwischen ihnen, aber sie lassen sich schnell wieder ablenken und sind dann schon wieder mit etwas anderem beschäftigt. Ältere Wellensittiche hingegen zanken heftiger und sind auch weniger aktiv.

Wo kauft man einen Wellensittich?

Für den Wellensittichhalter, der Ausstellungsvögel hält, stellt sich diese Frage eigentlich nicht, denn er wird seine Vögel, will er innerhalb absehbarer Zeit Erfolge erzielen, beim Züchter kaufen müssen. Die Adressen von Züchtern, die gute Wellensittiche abgeben, sind aus den einschlägigen Fachzeitschriften zu entnehmen. Hier findet sich immer eine ganze Anzahl von renommierten Fachleuten, die ihre überschüssigen Vögel auf diesem Weg an Interessenten abgeben wollen. Bezugsquellen für einige Zeitschriften finden sich im Anhang.

Natürlich wird man nicht erwarten können, daß der Züchter die besten Vögel verkauft, denn die setzt er selber in der Zucht ein. Nur wenn ein Züchter eine Zuchtlinie oder eine Zuchtreserve aufgibt, also Vögel abgibt, mit denen er selbst gezüchtet hätte, kann man Vögel erwerben, die vielleicht schon in der nächsten Brutsaison Nachwuchs mit guten Erfolgsaussichten bei Ausstellungen erbringen. Allerdings ist beim Züchter auch zu erwarten, daß er Vögel abgibt, mit denen eine Zucht in Zukunft Erfolg verspricht, die anderen wird er in den Zoohandel zur Haltung als Heimvogel abgeben. Daß man für gute Schauwellensittiche aber auch einen entsprechenden Preis bezahlen muß, versteht sich von selbst. Da können für einen Zuchtstamm (von vielleicht nur zwei Vögeln) schon einmal mehrere hundert Mark zusammenkommen.

Schauwellensittiche sind erst mit einem Alter von etwa einem halben Jahr wirklich gut zu beurteilen. Will man seine Erfolgsaussichten in der Zucht verbessern, sollte man versuchen, Vögel dieses Alters zu erhalten. Wenn man ganz großes Glück hat, bekommt man auch einmal Schauwellensittiche, die zwar schon einmal gebrütet haben, aber noch jung genug für weitere Zuchten sind.

Wer jedoch seinen Wellensittich als Heimvogel halten will, der ist meist mit den Angeboten des Zoofachhandels gut bedient. Es sollte nur ein junger Vogel sein, und wie man diesen erkennt, wurde ja bereits beschrieben. Auf jeden Fall ist darauf zu achten, daß der Vogel zumindest den offenen amtlichen Ring

Ein Männchen des Dominanten Australischen Schekken in Hellgrün. Es wird deutlich, daß Nacken, Rücken und Flügel (bis auf den Schulterbereich) ohne Wellenzeichnung sein sollen

trägt und somit aus einer genehmigten Zucht stammt. Vögel ohne Ring dürfen nicht in den Handel gebracht werden. Will man Hansi-Bubi-Vögel züchten, kauft man am besten auch farblich zusammenpassende junge Vögel und beginnt erst nach einem dreiviertel Jahr mit der Zucht. Bei Vögeln, die vielleicht schon beim Züchter gebrütet haben, läuft man Gefahr, daß diese nur noch kurze Zeit als Brutvögel zu gebrauchen sind.

Wer Wellensittiche erwirbt, um damit zu züchten, sollte immer darauf achten, blutsfremde, also nicht verschwisterte Vögel zu kaufen, damit es nicht zu Inzuchterscheinungen kommt.

Wie transportiert man einen Wellensittich?

Ob man einen oder mehrere Wellensittiche nach dem Kauf nach Hause, zum Krallenschneiden in ein Zoogeschäft, bei Krankheit zum Tierarzt oder vor der Reise ins Urlaubsquartier bringt, immer ist damit ein Transport des Vogels an der frischen Luft verbunden. Kaum etwas ist jedoch gefährlicher für einen Wellensittich als Zugluft, vor der er unbedingt geschützt werden muß. Deshalb ist ein Transport im normalen Haltungskäfig nur an schönen Tagen möglich. Nur Wellensittiche aus einer Außenvoliere sind weniger empfindlich.

Im Zoofachhandel gibt es jedoch Pappfaltschachteln, die auch einige Luftlöcher aufweisen. Dies ist besonders an warmen Tagen wichtig, sonst kann der Wellensittich in der Schachtel ersticken. An kühleren Tagen ist es richtig, die Pappschachtel noch in einen wärmeisolierenden Beutel oder aber auch unter die Jacke zu stecken. Ältere und erfahrenere Wellensittiche sollte man nicht allzulang in diesen Behältnissen lassen bzw. dafür sorgen, daß diese zusätzlich in einem ausreichend großen, aber dunklen Beutel stecken, denn mit ihrem Schnabel sind sie in der Lage, die Luftöffnungen der Pappschachtel in kurzer Zeit so zu vergrößern, daß sie ausbrechen können.

Für einen längeren Transport gibt es spezielle Transportkisten, die aus Sperrholz bestehen und vorne eine schräg eingesetzte Drahtfläche haben. In diesem Behältnis kann man Wellensittiche sogar mit der Bahn oder im Flugzeug versenden, allerdings sollte das Wetter frostfrei sein. Natürlich muß gewährleistet sein, daß diese Sendungen dann vom Empfänger schnell abgeholt werden.

Ist es einmal notwendig, z.B. während eines Umzugs, einen Wellensittich über längere Zeit ohne die spezielle Transportkiste zu befördern, dann kann man auch ausnahmsweise den Käfig mit einem Handtuch bedecken, damit keine Zugluft an den Käfig kommt. Allerdings sollte vorher bis auf die Sitzstangen alles aus dem Käfig entfernt werden, auch Sand, Futter und Wasser. Mindestens jede halbe Stunde ist das Handtuch kurz zu lüften. Mehr als vier bis fünf Stunden sollte man Wellensittiche nicht auf diese Weise transportieren. In dieser Art ist auch ein Transport im Auto möglich. Doch sollte man den Käfig während der Fahrt bedeckt lassen, um den Vogel vor der gerade im Auto oft fast unmerklich vorhandenen Zugluft zu schützen.

Zusammengefaßt: Tips für den Kauf

1. Der Standort für den Käfig muß vor dem Kauf festgelegt werden.
2. Käfig und Einrichtung sollten vor dem Kauf des Vogels an ihrem Standort sein.
3. Nur gesunde Vögel aus sauberen und gepflegten Zucht- oder Verkaufsanlagen erwerben.
4. Keine zu alten Vögel kaufen!
5. Immer etwas vom angestammten Futter beim Kauf mitnehmen.
6. Niemals zwei Weibchen für die paarweise Haltung kaufen.
7. Niemals einen unberingten Vogel erwerben und auch als Geschenk nicht annehmen.
8. Für geeignete Transportmöglichkeiten sorgen.

Die Haltung des Wellensittichs

Die geeignete Unterbringung

Für die Unterbringung eines oder mehrerer Wellensittiche gibt es drei grundsätzliche Möglichkeiten: Den Drahtgitter- oder Kistenkäfig für ein bis zwei Vögel, die Zimmervoliere für zwei bis etwa zwanzig Vögel, und die Außenvoliere für eine auch größere Anzahl von Wellensittichen. Im Interesse der Vögel, aber auch aufgrund des neuen Tierschutzgesetzes, das eine artgerechte Haltung vorschreibt, muß diesem Punkt die nötige Aufmerksamkeit gewidmet werden.

Der Käfig und seine Einrichtung

Wer einen zahmen Heimvogel oder nur ein Pärchen bzw. zwei Männchen halten will, wird dazu fast immer einen Käfig verwenden. Der Kauf des Käfigs und dessen Einrichtung sollten vor dem Kauf des Wellensittichs geschehen, damit dieser nicht unnötig lange in seinem Transportbehälter bleiben muß.

Viele der im Zoohandel angebotenen Käfige haben einen großen Nachteil: sie sind schlichtweg zu klein. Ein Käfig für einen Wellensittich und erst recht für zwei sollte so groß sein, daß der Wellensittich kurze Strecken fliegen kann. Die Grundfläche für einen einzelnen Vogel sollte nicht unter 50 × 35 cm liegen, die Höhe nicht unter 50 cm. Ein sogenannter Doppelkäfig, also für die Haltung von einem Paar, sollte bei gleicher Höhe eine Grundfläche von mindestens 60 × 40 cm haben.

Entscheidet man sich für einen der üblichen **Metallgitterkäfige**, so sollte man darauf achten, daß die Stangen möglichst alle quer verlaufen. Der Wellensittich kann sonst nur schwer an ihnen klettern und rutscht immer wieder ab. Die Käfigstäbe sollten aus Messing sein. Die oft angebotenen Behältnisse

Ein Kastenkäfig, der sich für die Haltung von ein bis zwei Wellensittichen, aber auch zur Zucht mit einem Paar eignet.

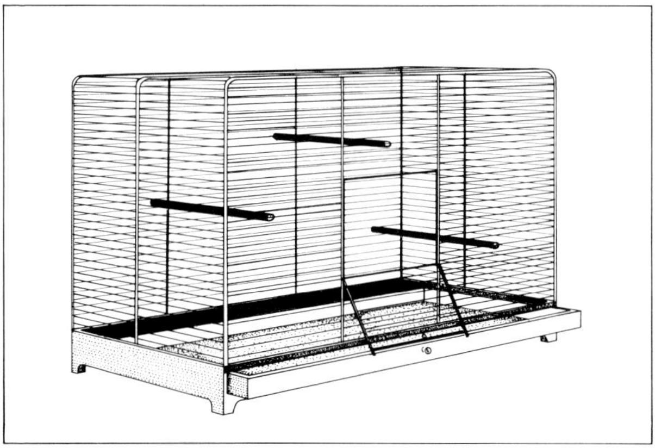

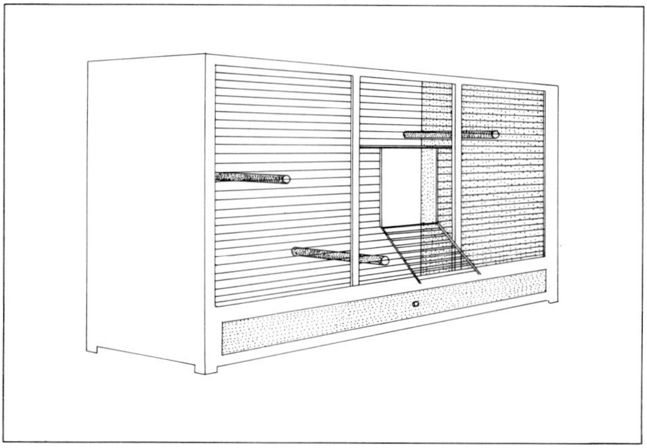

Kistenkäfig oder Heckbox. In der Schauwellensittichzucht wird fast nur mit diesem Käfig gezüchtet (paarweise).

aus kunststoffummanteltem Draht werden von den Wellensittichen früher oder später angenagt. Abgesehen davon, daß sie dann schnell unansehnlich aussehen, können verschluckte Farb- oder Kunststoffstückchen das Leben des Wellensittichs gefährden.

Es gibt auch rechteckige Käfige, sogenannte **Kastenkäfige**. Solange auch hier die Käfigstäbe quer verlaufen, sind sie für die Haltung von Wellensittichen und sogar für die Zucht mit einem einzelnen Paar hervorragend geeignet. Die ähnlichen **Kistenkäfige** haben nur ein Vorsatzgitter mit allen benötigten Öffnungen, der Rest des Käfigs besteht aus Kunststoff oder Holz. Sie finden hauptsächlich in der Zucht Einsatz, denn in ihnen haben die Wellensittiche die dafür nötige Ruhe und man kann die Käfige kostengünstig selbst bauen. Vorsatzgitter gibt es im Fachhandel. Ihr Nachteil ist, daß nur wenig Licht in die Käfige dringt und sie auch schlechter zu säubern sind. Oft muß man hier eine zusätzliche Beleuchtung einbauen, dann aber darauf achten, daß es im Käfig nicht zu warm wird.

Jeder dieser Käfige sollte eine leicht zu entnehmende Schublade auf dem Boden haben. Dort kann der Sand eingefüllt werden. Nur spezieller Vogelsand sollte zum Einsatz kommen. Wellensittiche suchen sich nämlich daraus die für die Verdauung benötigten kleinen Steinchen, meist ist auch zermahlener Muschelgrus enthalten, der den Kalkbedarf decken hilft. Ein häufig beigemischter Anisölzusatz soll Gerüche überdecken, die bei regelmäßiger Reinigung allerdings kaum auftreten. Der Sand in einem Käfig mit einem Wellensittich sollte alle zwei Tage, bei zwei Vögeln sogar jeden Tag ausgewechselt werden. Nur bei brütenden Vögeln sollte man die Störungen auf ein Minimum beschränken.

Im Käfig sollen einige Stangen so angebracht werden, daß immer noch ein kurzer Flug möglich ist. Die Stangen,

Ein solcher Käfig reicht für die Haltung eines zahmen Zimmervogels, dem regelmäßig Freiflug gewährt wird, schon aus. Etwas Spielzeug soll vorhanden sein. Das Badehaus wird regelmäßig vorgesetzt.

am besten aus Holz, sind möglichst unterschiedlich dick, damit sich die Krallen daran gleichmäßig abwetzen. Man kann einige der Stangen auch mit käuflichen Sandpapierrollen überziehen, die man aber meist gut befestigen muß. Eine Leiter und/oder eine Schaukel können hinzugefügt werden.

Als Futtergefäß kommen verschiedene Behältnisse in Frage. Wichtig ist, daß sie gegen Verschmutzungen vor allem von oben gut geschützt sind. Beim Züchter und auch beim Händler fressen die Wellensittiche meist aus am Boden befindlichen Futtergefäßen. Viele Käfige bieten die Möglichkeit, verschmutzungsgeschützte Gefäße am Boden anzubringen. Dies hat den Vorteil, daß sich die Spelzen der Körner nicht im Zimmer verteilen, sondern weitgehend im Käfig verbleiben. Der Nachteil ist, daß man meistens nicht leicht an diese Gefäße herankommt.

Bei ganz jungen Vögeln, die gerade vom Züchter oder Händler kommen, muß zunächst noch Futter auch auf den Boden gestreut werden, bis sie gelernt haben, aus dem Gefäß zu fressen. Viele Züchter und Händler verzichten nämlich auf spezielle Futtergefäße.

Verschiedene Futter- und Trinkgefäße: a) und b) Futtergefäße, die in einer Halterung bzw. am Gitter angebracht werden, c) in einem überdachten Häuschen ist das Futter geschützt, d) ein Futtergefäß für größere Volieren, e) Trinkautomat und f) Futterautomat.

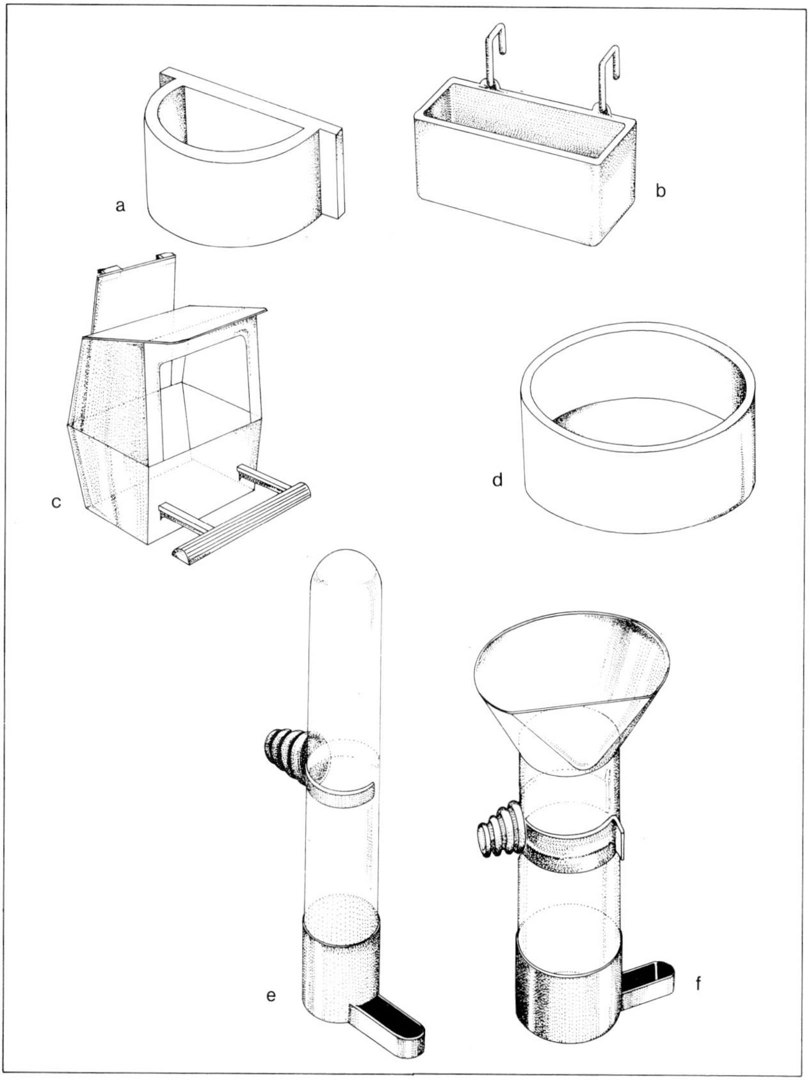

Zahme Wellensittiche lernen schnell, einen kleinen Spielplatz zu benutzen, den man selber basteln, aber auch fertig kaufen kann. Ein kleiner Spiegel lockt sie an.

Besonders praktisch sind von außen zu bedienende Futterautomaten. Hier muß man jedoch darauf achten, daß die Körner nicht feucht werden und sich deswegen eventuell verklemmen. Eine Stange wird im Käfig so angebracht, daß die Öffnung des Automaten für den Wellensittich leicht erreichbar ist, jedoch darf sich über dem Automat keine Sitzgelegenheit befinden, damit die Vögel nicht hineinkoten können. Dies gilt auch für die Wassergefäße. Diese müssen täglich mit frischem Wasser gefüllt werden. Wenn das Leitungswasser von befriedigender Qualität und nicht zu stark gechlort ist, kann man es ohne Bedenken verwenden. Nur in Ausnahmefällen braucht man auf den im Handel angebotenen Vogeltrank zurückzugreifen, denn angebrochen ist er meist nur kurze Zeit wirklich frisch und den Vögeln zuträglich. Destilliertes Wasser darf auf keinen Fall verwendet werden. Wellensittiche trinken nur wenig und kommen auch einige Tage ohne Wasser aus, vor allem, wenn sie Grünfutter oder Obst bekommen. Trotzdem sollte man stets genügend Wasser bereitstellen.

Die notwendige Einrichtung wird durch einen Kalkstein oder eine Sepiaschale ergänzt. Ein Wellensittich lernt sehr schnell, seinen Schnabel daran abzuwetzen. Außerdem dient der Kalk zur Ergänzung des Mineralhaushaltes.

Zusätzlich kann im Käfig, vor allem bei Einzelvögeln, etwas Spielzeug angebracht werden. Dieses darf jedoch auf keinen Fall die Bewegungsfreiheit im Käfig einengen. Wellensittiche haben einen sehr ausgeprägten Spiel- und Beschäftigungstrieb und können mit fast allem spielen, was man ihnen in den Käfig gibt. Wenn man sich nicht den ganzen Tag mit den Wellensittichen intensiv beschäftigen will, ist es sicher notwendig, diesen lebhaften und neugierigen Vögeln zumindest eine

Badehäuschen zum Einhängen in die Käfigtür.

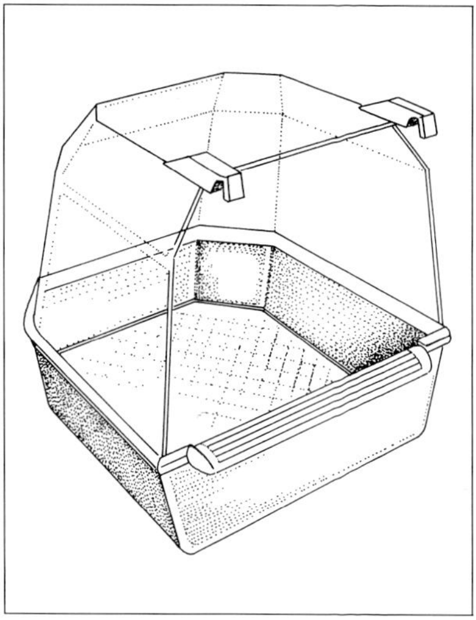

Kleinigkeit zum Spielen in den Käfig zu geben. Wenn man Wert auf einen besonders zahmen und sprechenden Vogel legt, sollte man jedoch in der ersten Zeit auf einen Spiegel verzichten. Vögel, die bereits zahm sind, spielen jedoch sehr gerne damit und lassen sich dadurch in ihrem Verhalten nicht beeinflussen. Gelegentlich kommt es jedoch vor, daß erwachsene einzeln gehaltene Männchen diesen Spiegel anbalzen und zu füttern versuchen.

Bei jedem Spielzeug muß man, wie eigentlich bei allem, mit dem Wellensittiche in Berührung kommen, darauf achten, daß es stabil genug ist. Wellensittiche haben nicht nur eine fast unglaubliche Ausdauer, sondern auch – vor allem die Weibchen – sehr kräftige Schnäbel. In der Natur müssen sich die Weibchen ja ihre Nisthöhlen zumindest ausbauen. Deshalb ist darauf zu achten, daß sich keine Farb- oder Kunststoffteile vom Spielzeug lösen können. Schon beim Kauf sollte man es daher einer kleinen Stabilitätsprobe unterziehen. Leider wird auf dem Markt vieles angeboten, das im Käfig die ersten zwei Tage nicht übersteht.

Das Badebedürfnis der Wellensittiche ist unterschiedlich stark ausgeprägt. Die meisten Wellensittiche lieben jedoch ein gelegentliches Bad. Einige gehen in ein Badehäuschen, das vor die Käfigtür gehängt wird. Andere lassen sich mit der Blumenspritze durchnässen und werden schon ganz unruhig, wenn sie diese nur sehen. Zahme Vögel schließlich baden oft gerne unter einem dünnen Strahl lauwarmen Leitungswassers, man hält sie einfach darunter. Allerdings darf dies nicht in der Küche während des Spülens sein; der zahme Wellensittich darf nämlich keinesfalls in der Spüllauge baden oder gar davon trinken. Dies ist für ihn lebensgefährlich. Auch in der Voliere kann man eine kleine Badeeinrichtung installieren, das Wasser sollte immer möglichst frisch sein. Manche Wellensittiche trinken beim oder vor dem Baden so viel, daß sie danach in kurzen Abständen flüssig koten. Dies ist aber vollkommen ungefährlich und normalisiert sich in kurzer Zeit wieder.

Im Handel gibt es auch Klettergerüste zu kaufen, die entweder auf dem Käfig oder an einer geeigneten Stelle im Zimmer angebracht werden. Einzeln gehaltene Wellensittiche nehmen diese Spielplätze oft nach kurzer Zeit schon an und können dann dort auch schon einmal kurze Zeit ohne Aufsicht frei im Zimmer verbleiben. Im Käfig und auf einem solchen Spielplatz kann man das Spielzeug gelegentlich zur Abwechslung austauschen.

Der Standort des Käfigs muß, wie schon beschrieben, gut ausgesucht werden. Vor allem muß er zugfrei sein. In

Käfigen gehaltene Wellensittiche sollten jeden Tag mindestens eine halbe Stunde Freiflug erhalten, um ihre Flugmuskulatur zu trainieren. Der Freiflug soll in dem Raum stattfinden, in dem der normale Standort des Käfigs ist, damit der Wellensittich seine Umgebung wiedererkennt und möglichst alleine wieder zum Käfig zurückfindet.

Um Unfällen beim Freiflug vorzubeugen, sollte man den Vogel nur unter Aufsicht fliegen lassen, auch um Beschädigungen an Einrichtungsgegenständen, Büchern und etwa Pflanzen zu vermeiden, die von den Wellensittichen gerne intensiv mit dem Schnabel untersucht werden. Das Freiflugzimmer darf keine großen Glasflächen aufweisen, also etwa Fenster ohne Gardinen. Der Wellensittich kann die Scheibe nicht erkennen und versucht, durch sie hindurchzufliegen. Dies kann zu sehr schweren Verletzungen und sogar zum Tod durch Genickbruch führen.

Selbstverständlich muß darauf geachtet werden, daß während des Freiflugs alle erreichbaren Fenster und Türen nach außen geschlossen sind, auch in den Nebenzimmern. Wellensittiche können schon durch kleinste Spalten, etwa bei einem nur gekippten Fenster, schlüpfen und sind dann vielleicht für immer verschwunden. Obwohl sie eine gewisse Zeit im Freien überleben können, werden sie oft schnell ein Opfer von Greifvögeln und Katzen oder verhungern in der kälteren Jahreszeit, weil sie kein Futter mehr finden. Im besten Fall werden sie von jemandem eingefangen, aber nur selten gelangen sie wieder in den Besitz des ursprünglichen Halters. Wellensittiche können nämlich schnell größere Strecken zurücklegen, als Strichvögel, die in der Natur dem Futterangebot folgen, gewöhnen sie sich nicht an die Umgebung, auch wenn sie etwa gelegentlich im Käfig im Freien standen.

Damit die Wellensittiche nach dem Freiflug von alleine wieder in den Käfig zurückkehren, kann man sich anfangs eines kleinen Tricks bedienen. Etwa eine oder anderthalb Stunden vor dem geplanten Freiflug nimmt man alles Futter aus dem Käfig. Hat der Vogel dann seinen Käfig verlassen, wird er nach einer gewissen Zeit wieder selbst in den inzwischen wieder mit Futter bestückten Käfig zurückkehren.

Trotz aller Vorsichtsmaßnahmen liest man immer wieder von entflogenen Wellensittichen, vor allem im Sommer. Besonders bei einem zahmen Vogel wird man versuchen, ihn wiederzubekommen. Hilfreich ist dann, wenn der Vogel noch seinen Ring hat und man die Nummer notiert hatte. Gerade Heimvögel, die vielleicht kurz vor dem Verkauf erst beringt wurden, versuchen, diesen Fremdkörper loszuwerden. Trotz allen Mitleids sollte man ihn jedoch nicht entfernen.

Gelegentlich bringt auch eine Anzeige in einer viel gelesenen Tageszeitschrift Erfolg. Man kann auch versuchen, fotokopierte Handzettel in den Geschäften der Umgebung zu verteilen. Aber wie bei den Krankheiten gilt auch hier, daß Vorbeugen besser als Heilen ist, einmal entflogen wird man seinen sonst vielleicht handzahmen Wellensittich oft nicht mehr wiederbekommen.

Die Zimmervoliere

Einzeln gehaltene Wellensittiche sollten auf jeden Fall Freiflug erhalten. Dies ist auch kaum zu verhindern, wenn man sich mit ihnen beschäftigen und einen zahmen Vogel haben will. Wer jedoch zwei oder mehrere Vögel ohne Freiflug halten will, weil er vielleicht nur ihr oft drolliges Verhalten beobachten will, oder wenn der Freiflug aufgrund der Wohngegebenheiten zu gefährlich ist, kann man ihnen eine Zimmervoliere beschaffen oder selbst bauen.

Käufliche Zimmervolieren sind meist rechteckige, große Kastenkäfige. In ihnen sollten die Vögel etwas längere Strecken fliegen, z. B. einige Runden drehen können. Querverlaufende Stäbe sind ein Kennzeichen für eine geeignete Voliere, denn selbst in größten Behältnissen klettern die Vögel gerne an den Wänden. Die Grundfläche für zwei Wellensittiche sollte nicht unter 100 × 50 cm liegen, auch die Höhe sollte 80 bis 100 cm nicht unterschreiten. Für jeden weiteren Wellensittich sollte man die angegebenen Maße um etwa 20 % vergrößern. In einer großen

So kann eine ausreichend große Zimmervoliere für einen kleinen Wellensittich-Schwarm aussehen.

An den Drahtgittern können die Vögel gut klettern, die Futter- und Trinkgefäße sind gut erreichbar.

Zimmervoliere kann man dann auch einen kleinen Schwarm von bis zu etwa 20 Vögeln halten und auch mit ihnen züchten. Allerdings sollte man zuvor bedenken, daß bereits zwei Vögel, erst recht aber Wellensittiche im kleinen Schwarm, in dem es immer etwas Zank und Streit gibt, ziemlich laut werden können. Vor allem gibt es im Schwarm nur kurze Ruhephasen, ansonsten wird tagsüber fast immer Bewegung und damit auch Geräusch vorhanden sein.

Für die Aufstellung der Zimmervoliere gilt natürlich auch, daß sie zugfrei, hell, aber nicht ständig im Sonnenlicht, und nicht in der Küche plaziert werden soll. Das Gestell, auf dem die Voliere steht, kann mit Rollen versehen sein, so daß man den Standort nach Bedarf verändern kann.

Bei der Einrichtung kann man etwas flexibler sein. Zwar können hier auch unterschiedlich starke Holzstangen angebracht werden, besser sind aber Zweige verschiedenen Durchmessers. Diese können von fast allen Bäumen stammen, nur giftige, wie etwa von der Eibe, muß man vermeiden. Besonders eignen sich Zweige von Obstbäumen und Weiden. An ihnen dürfen auch die Blätter, Blüten oder Fruchtstände noch vorhanden sein, denn diese werden meist gerne gefressen. Wenn man ausreichend Zweige in den Käfig gibt und sie auch regelmäßig erneuert, kann man auch auf die Sepiaschale und den Kalkstein verzichten, denn durch das Knabbern an den Zweigen halten die Wellensittiche ihren Schnabel kurz. Allerdings sollte man dann etwas Kalk ins Futter geben (s. Kapitel »Das richtige Futter«).

Zimmervoliere auf Rollen. Hier kann man schon einen kleinen Schwarm halten.

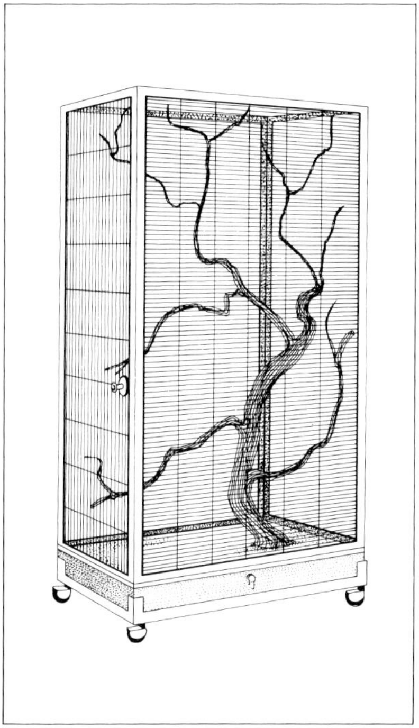

Auf Spielzeug kann man weitestgehend verzichten, vor allem, wenn man einen kleinen Schwarm hält. Hier haben die Wellensittiche mit sich selbst genug zu tun. Aber auch zwei Vögel lassen sich mit Zweigen und gelegentlich geänderter Einrichtung gut beschäftigen. Will man in den Zimmervolieren züchten, so ist Spielzeug eher hinderlich und wird auch von den Vögeln kaum beachtet.

Bei der Plazierung der Futter- und Trinkgefäße muß man darauf achten, daß sie sowohl von den Wellensittichen innen als auch vom Pfleger von außen leicht erreichbar und natürlich gegen Verschmutzung geschützt sind. Gute Zimmervolieren haben, solange sie nicht zu groß sind, wie die Käfige einen herausziehbaren Bodeneinschub, auf den man den Vogelsand streut. Je nach Zahl der Vögel und der dadurch entstehenden Verschmutzung braucht man den Bodengrund aber nur alle zwei bis zehn Tage zu erneuern.

Beim Selbstbau einer Zimmervoliere sind der Phantasie keine Grenzen gesetzt, wenn man einige grundlegende Regeln berücksichtigt. So muß man Bauteile vermeiden, an denen sich die Wellensittiche verletzen könnten. Wenn man eine Voliere in Form eines großen Kistenkäfigs, also mit drei geschlossenen Wänden baut, muß man darauf achten, daß trotzdem genug Licht und zeitweise auch etwas direktes Sonnenlicht in die Voliere scheint. Für die Einrichtung gilt dasselbe wie für die Zimmervoliere. Originelle und durchaus zweckmäßige Zimmervolieren wurden schon aus alten Schränken gebaut, indem man die Vordertüren durch geeignete Gitter ersetzte. Allerdings muß man dann ganz besonders auf Sauberkeit und Hygiene achten und etwa alle vier Wochen die Vögel kurz ausquartieren, um eine gründliche Reinigung auch in den Ecken vorzunehmen. Vor allem gegen Milbenbefall ist vorzubeugen (s. Kapitel »Krankheiten des Wellensittichs«). Gut bewährt hat sich bei größeren Volieren, den Boden regelmäßig komplett abzusaugen.

Eine Zimmervoliere kann auch in einem hellen, gut lüftbaren Kellerraum installiert werden. Kalte, feuchte Räume scheiden selbstverständlich aus. Hier werden sich schnell Krankheiten z.B. der Atemwege einstellen. Ansonsten gilt dasselbe wie für die normale Zimmervoliere.

Ein Sonderfall ist die Innenvoliere mit nach außen gehendem Freiflugteil. Dabei befindet sich die Zimmervoliere im Raum, etwa vor einem Fenster. Vor dem Fenster wird ein Metallkäfig angebracht, der durch eine mit einem Schieber verschließbare kleine Öffnung mit dem Inneren verbunden ist. Bei gutem Wetter, im Sommer allerdings durchaus auch bei Regen, kann der Schieber geöffnet werden. Die Wellensittiche lernen sehr schnell, die Öffnung zu benutzen und kommen auch abends und zum Fressen wieder zurück. Für den Außenteil gelten dieselben Hinweise wie für andere Außenvolieren.

Eine Besonderheit ist sicher der separate Zuchtraum, bei dem man ein ganzes Zimmer oder einen hellen Kellerraum vollständig für Haltungs- und Zuchtzwecke nutzt.

Die Außenvoliere

Da Wellensittiche zu den robusten Vögeln gehören, die niedrige Temperaturen bis unter –15 °C (natürlich erst nach Gewöhnung) vertragen können, sind sie auch für eine Außenvoliere geeignet. Bei den Maßen kann man sich an den Angaben für die Zimmervoliere orientieren. Da man in der Regel Außenvolieren etwas größer baut, ergibt sich so die beste Möglichkeit, eine größere Anzahl von Wellensittichen zu pflegen.

Als Standort für eine Außenvoliere kommen Gärten, große Terrassen und auch große Balkone in Frage. Der Straße zugewandt sollte die Außenvoliere nicht sein, da die Beeinträchtigungen durch Benzindünste und Passanten zu groß ist. Allerdings sollte man sich vor dem Bau der Voliere unbedingt mit den Nachbarn verständigen. Denn die nicht unerhebliche Geräuschentwicklung ist nicht jedermanns Sache und oft Anlaß für einen unschönen Streit, bei dem der Wellensittichhalter meist den kürzeren zieht.

Beim Bau der Außenvoliere kommt es auf ein besonders sicheres Fundament an, das Mäuse, Ratten und kleine Raubtiere abhält. Man muß berücksichtigen, daß diese zu erstaunlichen Grableistungen fähig sind und dementsprechend im Boden kleinmaschigen Draht verlegen bzw. ein Betonfundament errichten.

Als Material für die Volierenwände haben sich punktgeschweißte Drahtgitter sehr gut bewährt. Aber auch anderer, stabiler, feinmaschiger Draht ist geeignet. Wenn man seine Vögel auch im Winter draußen lassen will, sollte man kunststoffummantelten Draht benutzen, da sich die Wellensittiche an reinem Metalldraht in kalten Wintern die Füße erfrieren können.

Ein Teil der Voliere sollte überdacht und seitlich gegen starken Wind und Regen geschützt sein. Die ganze Voliere muß so gut verarbeitet sein, daß sie Schutz gegen Unbilden des Wetters, aber auch gegen Raubtiere, etwa streunende Katzen, und Greifvögel sowie Ratten und Mäuse bietet. Die beste Lösung ist sicherlich, ein doppeltes Drahtgitter mit einem Zwischenabstand von etwa 5 cm zu verwenden.

Für die Zucht von Schauwellensittichen oder die Winterzucht kann man an die Voliere angrenzend ein kleines, beheizbares Häuschen von wenigen m^2 Grundfläche anbauen. Dort werden die Heckboxen oder Nistgelegenheiten untergebracht (s. Kapitel »Zucht«). Man benötigt dafür allerdings eine Baugenehmigung der zuständigen Behörde. Diese muß rechtzeitig vor dem geplanten Baubeginn beantragt werden.

Eine Außenvoliere sollte durch eine Schleuse betretbar sein, um das Entfliegen der Wellensittiche zu verhindern. Dabei werden zwei Türen so angebracht, daß man nach Öffnen der ersten Tür in einem kleinen Vorraum steht, der nur so groß zu sein braucht, daß man beide Türen schließen kann, wenn man darin steht. Erst nachdem die Eingangstür wieder geschlossen ist, öffnet man die eigentliche Volierentür. Beim Verlassen der Voliere verfährt man umgekehrt. Gelangt einmal ein Wellensittich mit in die Schleuse, ist es kein Problem, ihn wieder in die Voliere zurückzuscheuchen.

Ist der Platz, an dem sich die Voliere befindet, unter Umständen von außen zugänglich, so sollte man ihn gut gegen Diebstahl schützen, vor allem, wenn man dort wertvolle Schauwellensittiche pflegt.

Für die Einrichtung der Außenvoliere gilt dasselbe wie bei der Zimmervoliere, wobei sich hier allerdings naturgemäßere Klettermöglichkeiten, etwa ein alter Baumstamm mit Verzweigungen, leichter unterbringen las-

Wellensittiche und Kanarienvögel können in großen Käfigen oder Volieren gut zusammen gehalten werden.

Da die Kanarienvögel eine offene Brutschale benutzen, kommt es auch nicht zum Streit um Nistplätze.

sen. Eine Bepflanzung einer Voliere für Wellensittiche ist nicht möglich, da alles Grün gefressen wird. Wichtig ist auch, daß man darauf achtet, daß sich in der Voliere an heißen Sommertagen kein Hitzestau bilden kann, deswegen muß man z. B. mit Glas als Baumaterial sehr vorsichtig umgehen.

Als Einstreu kann man bei allen größeren Volieren neben Vogelsand auch gewaschenen Flußsand, Katzenstreu oder Erde verwenden. Das Streumaterial muß in nicht zu langen Abständen komplett ausgetauscht werden. Ein Betonboden ist bei der Säuberung am dienlichsten. Benutzt man beim Bau von Volieren Weichholz, so ist dieses durch Draht oder Metallbeschläge vor den kräftigen Schnäbeln zu schützen.

Zuletzt sei noch ein wichtiger Punkt erwähnt, der sowohl für größere oder festeingebaute Innen- wie auch für Außenvolieren gilt: Beide kann man in der Urlaubszeit oder bei Krankheit nicht einfach in Pflege geben. Hier sollte man schon vor der Anschaffung wissen, wer im Notfall oder im Urlaub die Pflege und Fütterung übernimmt. Länger als zwei bis drei Tage darf keine Voliere unbeaufsichtigt bleiben. Bei Wellensittichzüchtern mit großer Voliere sind meist die anderen Familienmitglieder an Haltung und Zucht beteiligt, und oft führt dies dazu, daß die Familienmitglieder getrennt in Urlaub fahren müssen. Will man dies vermeiden, sollten vor Errichtung der Voliere Gespräche mit einer zuverlässigen Vertrauensperson geführt werden, die natürlich rechtzeitig in alle notwendigen Handgriffe (evtl. bis hin zum Beringen der Jungvögel, denn dies ist nur an we-

Wie man Haltungsfehler vermeidet

1. Der Käfig muß groß genug sein, damit die Vögel kürzere, und wenn sie keinen Freiflug haben, auch längere Strecken darin fliegen können.
2. Vorsicht vor giftigen oder weichmacherhaltigen Kunststoffen in Käfigen oder Volieren bzw. deren Gittern.
3. Je besser die Bedingungen für den Wellensittich sind, um so wohler wird er sich fühlen und es mit Gesundheit und munterem Verhalten danken.
4. Alle Käfig- oder Volierenstangen sollen quer verlaufen.
5. Unterschiedlich starke Sitzstangen verhindern das übermäßige Wachstum der Krallen.
6. Futter- und Trinkgefäße müssen vor Verschmutzung geschützt, aber für die Vögel leicht erreichbar sein.
7. Freiflug ist nur unter Aufsicht zu gewähren. Glasflächen sind abzudekken, Fenster und Außentüren sorgfältig zu schließen.

nigen Tagen möglich, s. Kapitel »Zucht«), eingewiesen werden muß und auch bei einfachen Krankheitsfällen im Bestand Bescheid wissen sollte.

Mitglieder von Ortsverbänden der Vogelzuchtvereine vertreten sich im Urlaub oft gegenseitig. Dies ist die einfachste Lösung für den Urlaub oder im Krankheitsfall.

Kann man einen Wellensittich auch mit anderen Vögeln zusammen pflegen?

Über die Pflege von Wellensittichen zusammen mit anderen Haustieren wurde bereits an anderer Stelle berichtet. Man kann sie aber auch mit einer größeren Zahl anderer Vögel zusammen pflegen, ohne daß diese sich gegenseitig stören.

Besonders gut kann man Wellensittiche mit einigen größeren Sittichen, vor allem Nymphensittichen, halten und sogar züchten. Beide Arten sind auch während der Zucht nicht so aggressiv, daß man sie dann trennen muß. Das gilt z.B. auch für Singsittiche und andere kleinbleibende Sitticharten.

Mit Rosenköpfchen *(Agapornis)* oder verwandten Arten kann man keine anderen Vögel, schon gar nicht Wellensittiche, zusammen halten, denn sie versuchen, sie mit kräftigen Bissen zu vertreiben. Nur in Sonderfällen gewöhnen sich einzelne Agaporniden an einen Wellensittich als Partner.

Bei anderen Papageien kommt es jedoch vor, daß ein größenmäßig sehr unterschiedlicher Partner, also etwa ein Wellensittich, als Spielgefährte akzeptiert wird. Wenn also ein Papagei Zeichen von Einsamkeit zeigt (Federfressen, Schreien), dann ist ein Versuch mit einem nicht zu jungen Wellensittich als Partner durchaus angebracht.

In allen Fällen sind die vergesellschafteten Vögel jedoch besonders aufmerksam zu beobachten und erst langsam aneinander zu gewöhnen. Während der ersten Tage muß das gemeinsame Zusammensein ständig beobachtet werden, damit es nicht zu Verletzungen kommt, wenn sie sich nicht vertragen. Erst wenn die Partner ganz offensichtlich miteinander auskommen, kann man sie auch ohne Aufsicht zusammenlassen. Ein besonders kritischer Zeitpunkt ist dann, wenn die Vögel erstmals zusammen in einem Käfig sind und dort auch übernachten sollen. Dies läßt sich dadurch etwas umgehen, daß man einen neuen Käfig kauft, den sie, wenn sie sich tagsüber aneinander gewöhnt haben, dann abends gemeinsam beziehen.

Bei auftretenden Verletzungen oder ständigem Gezanke sind die Arten wieder zu trennen. Gelegentlich kommt es vor, daß sich ein einzelner Vogel in einer Gemeinschaftsvoliere nicht an die neue Gesellschaft gewöhnen kann. Wenn möglich, sollte dann nur dieser entfernt werden. Und haben sich die Vögel erst einmal aneinander gewöhnt, treten kaum noch Probleme auf.

Außer mit Papageien und Sittichen kann man Wellensittiche auch mit anderen Vögeln, etwa robusten Prachtfinken und auch Kanarienvögeln vergesellschaften. Oft laufen in größeren Volieren am Boden einige Zwergwachteln, die sich nicht an den Wellensittichen stören und umgekehrt. Da die meisten Wellensittiche gegenüber anderen Vögeln friedlich sind, kann man es mit einer Vergesellschaftung grundsätzlich immer versuchen. Wichtig ist nur, daß dies immer unter Aufsicht geschieht.

Die richtige Ernährung

Vom Futter hängt beim Wellensittich viel ab. Zum einen kann er kaum länger als 24 Stunden ohne Nahrung bleiben. Zum anderen ist die richtige Ernährung ausschlaggebender Faktor für das Wohlergehen und die Kondition des Wellensittichs, nicht nur, wenn man züchten oder ausstellen will. Deswegen ist auch jeden Tag zu kontrollieren, ob er gefressen hat. Sonst muß man schnellstens versuchen, die Ursache für die Futterverweigerung festzustellen (s. Kapitel »Krankheiten«). Auch bei mehrtägiger Abwesenheit sollte man lieber ein Futtergefäß mehr in den Käfig oder die Voliere stellen.

Die Futterpalette, die für die Wellensitticheernährung in Frage kommt, ist groß. Jedoch ist gerade beim Wellensittich ein beträchtlicher Gewöhnungseffekt zu beobachten, d.h. neues und vor allem ungewohntes Futter wird oft nicht oder nur zögernd angenommen. Hier hilft nur etwas Geduld und immer wieder frisches Futter.

Körnerfutter

In der Natur besteht der überwiegende Teil des Futters der Wellensittiche aus halbreifen und reifen Sämereien. Alle Wellensittiche, die nicht zu Zuchtzwecken gehalten werden, kommen als Grundnahrung mit den fertig angebotenen Körnermischungen durchweg aus. Allerdings muß man sich diese etwas genauer ansehen.

Für die im Haus gehaltenen Wellensittiche sollte in gutem Futter ein Glanzanteil von mindestens 15% vorhanden sein. Beim Glanz handelt es sich um längliche, hellbraune Körner, die einen dunkelbraunen Kern haben. Glanz, gelegentlich auch als »Kanariensaat« bezeichnet, ist für die Vögel leicht zu schälen und gut verdaulich. Daher eignet er sich besonders für junge Vögel. Schauwellensittiche, die größer und schwerer sind, brauchen eine besonders gehaltvolle Ernährung. Für sie sollte der Glanzanteil mindestens bei 50% liegen und kann sogar bis zu 80% steigen.

Wird der Glanz von den Vögeln nicht bevorzugt gefressen, wenn sie also erst an die Hirse gehen, dann hat der Glanz eine schlechte Qualität. In diesem Fall sollte man das Futter oder den Lieferanten wechseln.

Gerade Markenfutterhersteller sind darauf angewiesen, auch etwas fürs Auge zu produzieren. Deswegen ist in ihren Produkten immer ein gewisser Anteil der roten Dakotahirse enthalten. Diese größeren Hirsekörner sind nicht nur schwerer zu enthülsen und daher für Jungvögel weniger geeignet, sondern auch Altvögel nehmen sie nicht gerne. Die rote Dakotahirse, die auch teurer als die anderen Sorten ist, schadet den Vögeln nicht, kann aber ruhig fehlen.

Die ebenfalls hartschalige Goldhirse aus Marokko sieht gut aus, ist aber wegen ihrer Härte für junge Wellensittiche ebenfalls ungeeignet. Auch die sehr kleine, orangerote Mohairhirse ist für Wellensittiche weniger gut geeignet. Die nicht größere gelbliche Senegalhirse wird dagegen gerne gefressen und ist gut zur Jungenaufzucht.

Bis zu 25% des Futters können aus der Platahirse bestehen. Die Körner

Verschiedene Körnersorten. Von links nach rechts obere Reihe: Graue Japanhirse, Senegalhirse, Platahirse; untere Reihe: Glanz, Silberhirse, Dakotahirse.

sind rund, mittelgroß und weißlichgelb. Sie ist nicht nur die preiswerteste Hirsesorte, sondern bekommt den Wellensittichen auch sehr gut und wird gerne gefressen.

Die vielleicht unansehnlichste Hirse ist die graue Japanhirse, der die weiße Silberhirse kaum nachsteht. Trotzdem sind es die wahrscheinlich besten beiden Hirsesorten, die dem Glanz fast gleichkommen. Hat der Wellensittich die Wahl zwischen einem nicht so guten Glanz und guter Japan- oder Silberhirse, wird er sich für letztere entscheiden. Auch in der Bekömmlichkeit stehen beiden Hirsesorten dem Glanz nicht nach.

Geschälter Hafer sollte in einem guten Futter zu nicht mehr als 3% enthalten sein. Mehr Hafer sollte auf keinen Fall vorhanden sein, denn Hafer kann zu Verfettung führen.

Zusätzlich kann dem Futter noch eine kleine Menge ölhaltiger Saaten beigemischt werden. Wellensittiche ziehen zwar mehlhaltige Saaten vor (dazu zählen alle bis hierher beschriebenen Körner), aber als Energiespender während der Zucht oder für Ausstellungsvögel kann man z. B. Lein- oder Negersaat verwenden. Allerdings sollte nicht mehr als etwa 3% des Futters aus ölhaltigen Körnern bestehen.

Hält man Wellensittiche mit größeren anderen Sittichen oder Papageien zusammen, so lernen sie meist, die größeren Hanfkörner und Sonnenblumenkerne zu öffnen und benötigen keine anderen ölhaltigen Sämereien.

Wer einen Einzelvogel hält oder keine Zuchtambitionen hat, kommt meist mit dem angebotenen Markenfutter aus. Gelegentlich finden sich auch noch Zoohändler, die ihre Mischungen selber herstellen. Diese sind oft nicht nur preiswerter, sondern können durchaus auch besser sein. Wer mehrere Wellensittiche zu Zucht- und

Ausstellungszwecken hält, wird schon aus Kostengründen dazu übergehen, sein Futter selbst zu mischen und die Einzelsaaten kilo- oder sogar sackweise zu kaufen.

Wichtig ist, daß ein Futter frisch ist und von den Vögeln gefressen wird. Man kann mit zwei Methoden feststellen, ob man das geeignete Futter verwendet. Zum einen sollte man die Futterreste nicht einfach wegwerfen, sondern vorsichtig durch Ausblasen die Schalen und Spelzen beseitigen. Die übrig gebliebenen Körner, die man durchaus noch einmal vorsetzen kann, vergleicht man mit dem Ausgangsfutter. Sind gerade die verschmähten Sorten darin zu einem großen Prozentsatz enthalten, sollte man das Futter umstellen.

Beim zweiten Weg bedient man sich der Keimmethode. Dafür werden 100 Körner ausgezählt (bei einer Körnermischung sollten möglichst mehrere Körnersorten vertreten sein) und zum Keimen gebracht (s. unter »Keimfutter«). Ein Futter kann nur dann als ausreichend gut bezeichnet werden, wenn mindestens 60 % der Körner zur Keimung kommen. Sonst ist es sicher zu alt oder durch falsche Lagerung verdorben. Gutes Futter keimt zu 80 % und mehr. Wenn nur 50 % oder weniger keimen, sind die Körner für Futterzwecke nicht mehr geeignet.

Einen Wellensittich von seinem gewohnten Futter auf ein anderes umzustellen, ist nicht so einfach, wie man vielleicht denkt. Da diese Vögel einem großen Gewöhnungseffekt unterworfen sind, können sie sich bis zur Auszehrung weigern, ein anderes Futter zu fressen, auch wenn das bisherige von schlechter Qualität war. Man geht daher schrittweise vor und mischt erst einen kleinen, dann einen immer größeren Teil des neuen Futters unter das alte. Dabei muß man beobachten, ob auch genug gefressen wird. Dies erkennt man am einfachsten an der Vitalität der Vögel.

Beim Kauf eines Wellensittichs, sei es im Geschäft oder beim Züchter, sollte man immer eine für etwa zwei Wochen reichende Portion des normalerweise verwendeten Futters mitnehmen. Einige Züchter und Händler geben beim Erwerb des Vogels eine Packung eines Markenfutters gratis mit. Auch wenn man dieses verwenden will, sollte man nach der geschilderten Methode verfahren und zusätzlich eine Portion des bislang benutzten Futters mitnehmen und den Vogel langsam umgewöhnen. Kaum ein größerer Zoohändler kann es sich leisten, für seine Verkaufsanlage das doch verhältnismäßig teure Markenfutter zu benutzen.

Eine besondere Art des Körnerfutters ist die Kolbenhirse, die im ganzen Kolben gereicht werden kann. Abgesehen davon, daß sich das Futter im Kolben besser frisch hält, wird sie vom Wellensittich besonders gerne gefressen. Daneben gibt sie ihm auch eine Beschäftigungsmöglichkeit.

In den Zoohandel gelangt meistens die Italienische Kolbenhirse, in kleineren Portionen abgepackt. Züchter kaufen meist größere Kartons. Bei ihnen ist auch die Chinesische Kolbenhirse sehr beliebt, die an den viel kleineren Kolben zu erkennen ist. Allerdings werden Züchter die Kolbenhirse aus Kosten-

Italienische Kolbenhirse. Ein Stück Kolbenhirse sollte allen Wellensittichen mindestens einmal in der Woche gereicht werden.

gründen nicht regelmäßig zufüttern können, sie sollten aber nicht ganz darauf verzichten.

Halter von Einzelvögeln oder Paaren können auch die sogenannten Honigkolben einsetzen. Sie werden meist ohne Schwierigkeiten akzeptiert und gerne gefressen.

Keimfutter

Wer nicht züchten will, kann dieses Kapitel etwas schneller lesen, denn die Mühe, Keimfutter anzufertigen, braucht er sich dann nicht zu machen, zumal viele Wellensittiche außerhalb der Brutzeit gar kein Keimfutter annehmen. Für die meisten Züchter ist das regelmäßige Verabreichen von Keimfutter jedoch eine Notwendigkeit, da brütende Wellensittiche in der Natur oft die nur halbreifen und daher weicheren Samen suchen.

Man kann aus fast jedem Körnerfutter Keimfutter machen. Gut geeignet sind die verschiedenen Hirsesaaten, Glanz, aber auch ungeschälter Weizen und Hafer. Geschält geht letzterer sofort in Fäulnis über statt zu keimen. Die verschiedenen Körner haben allerdings oft unterschiedliche Keimzeiten, so daß man eine Portion Keimfutter nur von einer, allerdings nacheinander natürlich von allen geeigneten Körnersorten ansetzen sollte.

Zum Ansetzen des Keimfutters bedient man sich einer flachen, möglichst großen, leicht zu reinigenden Schale oder Wanne. Dort werden die Körner in einer dünnen Schicht ausgebracht, mit Wasser gerade bedeckt und an einen warmen Ort gestellt. Nach 24 Stunden wird der Inhalt der Wanne in ein Sieb geschüttet und gut durchgespült. Nach dem Abtropfen gibt man die schon vorgequollenen Körner wieder in die nun trockene Wanne zurück. Diese wird wieder an den warmen Ort zurückgestellt. Damit die Körner nicht austrocknen, sollte man sie gut bedecken. Nach weiteren 24 Stunden ist das Keimfutter fertig, man kann die Keimspitzen bereits erkennen. Dieses Futter wird in separaten Näpfen gereicht. Mehr als einige Stunden sollte es nicht im Käfig oder in der Voliere bleiben, sonst besteht die Gefahr, daß es verdirbt. In Käfigen oder Heckboxen kann man das Keimfutter auch in sogenannten Naschnäpfen reichen, die von außen durch die Gitterstäbe gesteckt werden.

Grünfutter, Obst und Gemüse

Zur Ernährung des Wellensittichs sollten auch Grünfutter, Obst und Gemüse gehören, um ihm die nötigen Vitamine und Mineralstoffe zuzuführen. Dabei kann man fast alles nehmen, was vom Wellensittich gefressen wird.

Die Auswahl an Grünfutter ist relativ groß, jedoch gibt es einige Gewächse, die bevorzugt werden. Von den Wiesenkräutern zählen dazu vor allem Löwenzahn, Vogelmiere und Hirtentäschel. Sauerampfer und Klee werden zwar auch angenommen, sollten aufgrund des Gehalts an Oxalsäure und deren Salzen (Kleesalz) nur in kleinen Mengen gereicht werden, sonst kann es zu Vergiftungen kommen. Beim Sammeln von Wildpflanzen muß man darauf achten, daß die Pflanzen nicht durch Autoabgase oder Spritzmittel vergiftet sind. Darauf reagieren Wellensittiche sehr empfindlich. Gutes Waschen vor dem Verfüttern sollte selbstverständlich sein.

Vor allem im Sommer und Herbst findet man auch viele halbreife Sämereien, die gern genommen werden. Dazu zählen z.B. die Rispen vom Wegerich oder Rispengras, Getreide und junger Mais. Auch hier ist darauf zu achten, daß nicht gespritzt wurde.

Im Garten werden ebenfalls einige Pflanzen kultiviert, die sich gut als Grünfutter eignen. An erster Stelle ist hier die Endivie zu nennen, die einen sehr großen Gehalt an Vitaminen und Mineralstoffen aufweist. Kopfsalat, Garten- und Brunnenkresse, Petersilie, Spinat und Mangold sind ungespritzt ein gutes Zusatzfutter. Kauft man das Grünfutter im Geschäft, darf man nur kleine Portionen verfüttern, denn hier können Pestizidrückstände vorhanden sein, die bestenfalls nur zu Durchfall führen.

Keimfutter, das schon über einen Zentimeter lange Keime hat, ist nur noch als Grünfutter anzusehen, kann aber natürlich trotzdem noch verfüttert werden.

Bei allem anderen Grünfutter kann man durch Verfüttern kleiner Mengen testen, inwieweit es sich für die Wellensittiche eignet.

An Obst und rohem Gemüse kann fast alles verfüttert werden, was auch wir essen. Vor allem manche Beeren haben besonders viele Vitamine und Mineralstoffe, z.B. Holunderbeeren, die man gut selber sammeln kann. Süßes Obst wird meist besonders gern gefressen. Auch hier ist wieder darauf zu achten, daß das Obst und Gemüse gut gewaschen wird.

Hat man ein Grünfutter, Obst oder Gemüse zum ersten Mal verfüttert, sollte man die Vögel daraufhin beobachten, wie sie es vertragen. Bei Durchfall sollte man sofort die Fütterung damit einstellen.

Aufzuchtfutter

Wellensittiche können ihre Jungen manchmal auch mit normalem Körnerfutter aufziehen. Für eine rationelle Zucht ist allerdings das Zufüttern eines speziellen Aufzuchtfutters notwendig. Wellensittiche stehen allem neuen Futter skeptisch gegenüber, deswegen sollte man sie rechtzeitig vor Brutbeginn daran gewöhnen. Dazu mischt man immer größer werdende Portionen unter das normale Futter.

Aufzuchtfutter ist in guter Qualität in vielen Zoogeschäften erhältlich. Viele Züchter haben jedoch ihre eigenen Rezepte, die mehr oder weniger voneinander abweichen.

Da Insekten von Wellensittichen in der Natur nicht aufgenommen werden, kann man auch bei der Heimzucht darauf verzichten.

Ein gutes Aufzuchtfutter läßt sich selbst herstellen, indem man Zwiebackmehl, Trockenei, Trockenmilch, Traubenzucker, etwas gemahlenen geschälten Glanz und Hirse, Bierhefe, gemahlene Hundeflocken (mit Gemüsezusatz), Haferflocken, süße Babynahrung und Weißbrotmehl mischt. Damit es sich eine Zeitlang hält, werden nur die gerade benötigten Portionen mit Wasser, Obst- oder Gemüsesaft oder Milch angefeuchtet. Dazu kommt dann noch das Keimfutter. Gerne wird auch eingeweichtes süßes Brot genommen.

Aufzuchtfutter darf man immer nur in Portionen reichen, die in wenigen Stunden gefressen werden, vor allem, wenn es mit Milch angefeuchtet ist, denn es neigt stark zum Säuern. Reste sind gründlich zu entfernen.

Vitamine und Mineralstoffe

Wellensittiche, die regelmäßig Grünfutter, Obst und Gemüse bekommen, können dadurch ihren gesamten Vitamin- und fast den ganzen Mineralhaushalt decken. Es kommt aber vor, daß sich Wellensittiche standhaft weigern, dieses Futter anzunehmen. Dann müssen ihnen Vitamine und wichtige Mineralstoffe auf anderem Wege zugeführt werden.

Es gibt heute so viele flüssige und pulverisierte Vitaminpräparate, daß man sie ohne Schwierigkeiten bekommen kann. Dabei sind auch Präparate aus der Humanmedizin für Vögel geeignet. Bei der Dosierung sollte man vorsichtig sein und lieber etwas weniger geben, denn zuviel Vitamin kann auch schaden. Eine einfache Möglichkeit ist, einmal die Woche statt Trinkwasser den überall erhältlichen, süßen Multivitaminsaft zu geben.

Von den meisten Mineralstoffen nimmt der Vogel mit seiner Nahrung genug auf. Nur Kalk sollte man auf jeden Fall hinzugeben. Für eine kleine Zahl von Vögeln reichen Sepiaschale oder Kalkstein. Hält man jedoch mehrere Vögel, würde dies schnell zu teuer. Der Zoohandel bietet aber auch hier eine Lösung, nämlich feingemahlenen Kalk. Diesen streut man einfach über das Futter (vor allem Obst). Auch zerstoßene Eierschalen kann man reichen, diese müssen aber vorher im Backofen auf mindestens 100 °C erwärmt werden, um alle vorhandenen Bakterien und Keime abzutöten. In separaten Schälchen kann auch Muschelgrus gereicht werden.

Zur Verdauung benötigen Wellensittiche kleine Steinchen, die die Körpernahrung im Vormagen zerreiben. Wenn die Käfig- oder Voliereneinstreu aus Vogelsand besteht, nehmen die Wellensittiche daraus die benötigten Steinchen (meist ist es Muschelgrus, der aus Kalk besteht und somit einem zweifachen Zweck dient, auch noch den Kalkhaushalt zu decken). Man kann den Vogelsand auch in kleinen Schälchen anbieten. Eine weitere Möglichkeit ist, den Vögeln Grit zu reichen, eine speziell für Vögel im Handel befindliche Mineralmischung.

Wenn das Leitungswasser nicht zu stark gechlort ist, sollte man es den Vögeln nicht vorenthalten, denn es enthält viele Mineralstoffe, auch Jod, so daß eine spezielle Zufütterung von Jodkörnchen nicht mehr nötig ist.

Sonstiges Futter

Im Zoohandel werden noch verschiedene andere Futtermittel angeboten. Da gibt es Körner für bestimmte Zwecke und mit bestimmten Zusätzen. Die meisten davon zeigen leider nur wenig Wirkung, deswegen kann man ruhig darauf verzichten.

Vogelbiskuits und Vogelsalat, die auch häufig angeboten werden, werden von den Wellensittichen meist nicht beachtet. Auch dieses Geld kann man sich sparen.

Die in letzter Zeit gelegentlich angebotenen Pellets sind für eine ausgewogene Wellensittichernährung wenig geeignet.

Hält man einen einzelnen Vogel mit viel Freiflug, so kommt es früher oder später dazu, daß sich der Wellensittich auch an den Mahlzeiten beteiligen will. Hier sollte man nicht zu ängstlich sein. Obst und Gemüse kann ebenso bedenkenlos aufgenommen werden wie Reis, Kartoffeln oder Nudeln, möglichst jedoch ohne Soße. Zuviel Salz ist schädlich. Brot ohne Belag (Fette sind ebenso zu meiden wie Fleisch) ist ebenfalls ungefährlich. Allerdings sollte von all diesen Dingen nicht zuviel gegeben werden. Daß der Wellensittich aus hygienischen Gründen nicht vom selben Teller essen soll wie der Mensch, versteht sich. Man kann ihn ohne Schwierigkeiten an ein eigenes Tellerchen oder Schälchen gewöhnen. Nur gewissenlose Menschen lassen ihren Wellensittich von alkoholischen Getränken oder stark gewürzten Gerichten probieren.

Die richtige Futterlagerung

Jedes noch so gute Futter kann durch falsche Lagerung schnell unbrauchbar werden. Für Körnersaaten gilt, daß sie an einem trockenen, nicht zu warmen Ort untergebracht werden müssen, der sicher vor Nahrungsschädlingen (In-

Einen Leckerbissen wie Kolbenhirse nehmen die Wellensittiche direkt von der Hand auf.

sekten, Mäusen) ist. In größeren Zuchten sollte ein separater Raum zur Futterlagerung zur Verfügung stehen, damit von einzelnen Wellensittichen abgegebene Krankheitskeime nicht in das Futter für die anderen Vögel gelangen können.

Grünfutter, Obst und Gemüse hält sich frisch nur wenige Tage. Genausowenig wie man selbst welken Salat essen möchte, wird dies ein Wellensittich tun. Wenn aber das Angebot jahreszeitlich besonders reichlich ist, kann man Grünfutter, Obst und Gemüse auch einfrieren. Selbstverständlich darf eingefrorenes Futter erst dann verfüttert werden, wenn es wieder vollkommen aufgetaut ist.

Keimfutter ist nicht lagerfähig. Eine Aufzuchtfuttermischung, die möglichst wenig Feuchtigkeit enthalten soll, kann man jedoch für mehrere Wochen im voraus vorbereiten.

Kann man Futter selbst anbauen?

Wer in der glücklichen Lage ist, Besitzer oder Nutzer eines Gartens zu sein oder auf dem Balkon oder Fensterbrett etwas Platz hat, kann natürlich einen Teil seines Futters selbst anbauen. Besonders bietet sich hier natürlich das Grünfutter an, das praktisch schon im Blumentopf erzeugt werden kann. In einem Garten kann natürlich viel mehr wachsen, hier wird man sich nach dem Geschmack der Wellensittiche richten. Selbstverständlich ist, daß das für die Vögel bestimmte Futter nicht gespritzt werden darf. Auch in der näheren Umgebung (Nachbarn!) sollten möglichst wenig Spritzmittel eingesetzt werden.

Auch einige Körnersaaten kommen bei uns bis zur Reife oder mindestens zur Halbreife, so die Italienische Kolbenhirse. Hier muß man beim Anbau natürlich darauf achten, daß keine wildlebenden Vögel vorher mit der Ernte beginnen und Schutznetze benutzen. Hanf darf nicht ausgesät werden, diese Körner sind vorher aus einem Gemisch zu entfernen. Aber selbst die als reife Saaten weniger beliebten Hirsesorten werden in halbreifem Zustand gerne angenommen.

Tips zur Fütterung

1. Immer möglichst frisches Futter geben. Nicht einwandfreies Futter muß weggeworfen werden.
2. Keine plötzlichen Futterumstellungen vornehmen.
3. Das Futter soll eine ausgewogene Zusammensetzung haben, nicht immer nur Körner geben.
4. Wenn ein neues Futter nicht sofort gefressen wird, mehrmals anbieten.
5. Zur Gewöhnung an Zusatzfutter oder Vitamine bzw. Mineralstoffe diese unter das normale Futter geben.
6. Das Futter fachgerecht, also trocken und sauber lagern.
7. Möglichst oft prüfen, ob das angebotene Futter auch wirklich gefressen wird, es müssen leere Körnerschalen vorhanden sein.
8. Futterreste mit dem Ausgangsfutter vergleichen, ein Futter mit einem hohen Anteil schlecht geeigneter Körner durch ein besseres ersetzen.
9. Fett- und eiweißreiches Futter nur dann geben, wenn der Wellensittich viel Bewegung hat.

Wer diese Ratschläge und die allgemeinen Hinweise zur Ernährung beachtet, wird länger Freude an seinem Wellensittich haben.

Körperpflege

Normalerweise benötigt ein Wellensittich keine Körperpflege, er hält Gefieder, Krallen, Schnabel und Beine selbst in Ordnung. Doch es kann bei Pflegefehlern, Unfällen oder älteren Vögeln notwendig werden, einzugreifen.

Baden

Über das normale Baden ist an anderer Stelle bereits berichtet worden. Gerade bei Heimvögeln kommt es aber immer wieder vor, daß sie trotz Aufsicht beim Freiflug in etwas fliegen oder stürzen, das ihnen nicht bekömmlich ist, z.B. Spülwasser. Dann kann man sie nicht sich selbst überlassen, denn beim Putzen des Gefieders würden sie zuviel des schädlichen Stoffes aufnehmen und könnten ernsthafte Schäden davontragen.

Ist es also zur Verschmutzung gekommen, sollte der Vogel sofort in lauwarmem Wasser gebadet werden. Läßt sich die Verschmutzung durch Wasser nicht beseitigen, kann man dem Bad auch etwas Seife zusetzen. Dabei muß man den Kopf festhalten, damit nichts von der Waschflüssigkeit in Schnabel oder Augen gelangt. In jedem Fall muß der letzte Badegang in lauwarmem, klarem Wasser erfolgen.

Danach setzt man den Wellensittich in seinen Käfig und stellt diesen an einen warmen, hellen und zugfreien Ort. Wenn ein Unfall am Abend stattfand, muß das Licht solange anbleiben, bis der Vogel wieder trocken ist, sonst kann er sich erkälten.

Ist die Verschmutzung durch Seifenwasser nicht zu beseitigen, handelt es sich also z.B. um einen Lack, wird es schwierig. Sind nur kleine Gefiederteile betroffen, kann man versuchen, die betroffenen Federn vorsichtig herauszuziehen (s. auch »Federschäden«). Nur wenn es sich um größere Bereiche handelt, darf man vorsichtig die Federn mit einem Lösungsmittel waschen, wobei keinesfalls Schnabel oder Auge in Mitleidenschaft gezogen werden dürfen. Im Zweifelsfalle wird man den Vogel an der Gefiederpflege, die seinen Tod bedeuten kann, hindern und einen Tierarzt zu Rate ziehen.

Gefiederschäden

Gelegentlich knickt bei einem Wellensittich eine der größeren Federn ab oder er hat eine zerstoßene Schwanzfeder. Dies ist zwar nicht gefährlich, sieht aber nicht schön aus. Die betroffene Feder wird einfach mit einem kurzen Ruck herausgezogen, während man den Wellensittich in der Hand hält. Innerhalb von vier Wochen wächst sie nach. Federn, die noch nicht ausgewachsen sind, dürfen aber nicht gezogen werden, sonst kommt es zu Blutungen.

Krallenschneiden

Wenn die Sitzstangen nicht die geeignete Größe haben, kommt es vor, daß die Krallen zu lang wachsen. Da ein Wellensittich, wie andere Vögel auch, nicht gleichmäßig um eine Sitzstange greift, werden die Krallen ungleichmäßig abgenutzt, wenn alle Sitzstangen

Wenn die Krallenspitze auf der Sitzstange steht, wird sie abgenutzt; zu dünne Stangen führen zu übermäßig langen Krallen.

Unten links: So hält man den Vogel beim Krallenschneiden.

Unten rechts: Auf den richtigen Krallenschnitt kommt es an.

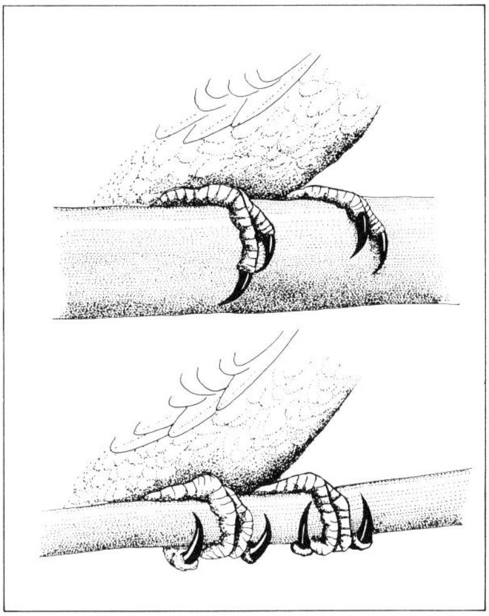

gleich dick sind. Man kann aber auch auf den Stangen Sandpapierrollen befestigen.

Sind die Krallen jedoch einmal zu lang gewachsen, nimmt man den Vogel in die eine, eine kleine Nagelschere in die andere Hand. Der Wellensittich wird so gegen das Licht gehalten, daß man die Zehen zwischen Daumen und Zeigefinger festhalten kann und die Blutgefäße durchschimmern sieht. Nun wird vorsichtig der zu lange Krallenteil abgeschnitten, aber so, daß keine stumpfe, sondern eine spitze Kralle übrigbleibt, wie sie durch normales Wachstum entsteht.

Auch Ungeübte können Krallen schneiden, sollten aber ein blutstillendes Mittel für den Notfall bereitstellen.

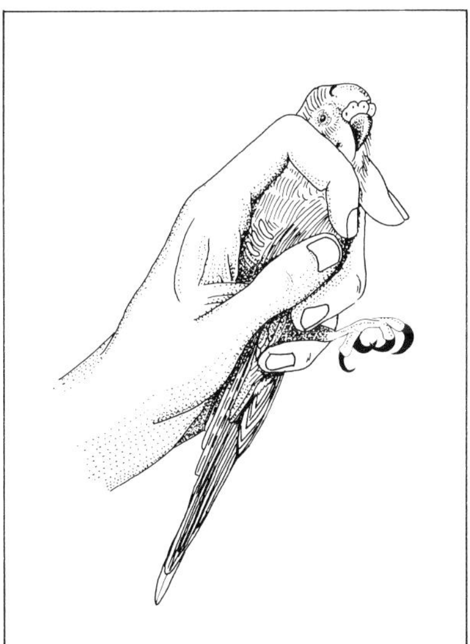

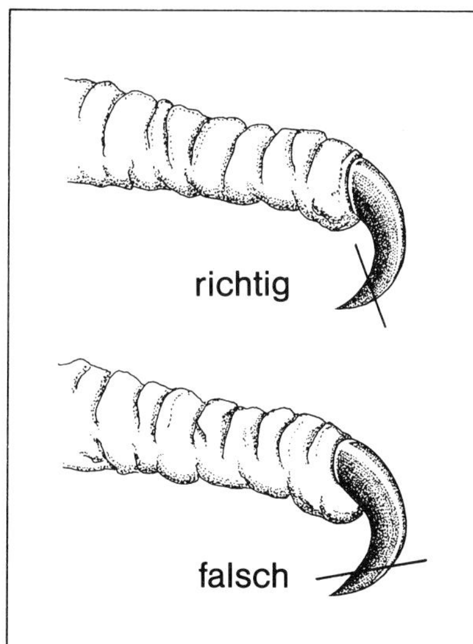

Mit einem zu lang gewachsenen Schnabel (unten) bekommt der Wellensittich Schwierigkeiten bei der Futteraufnahme.

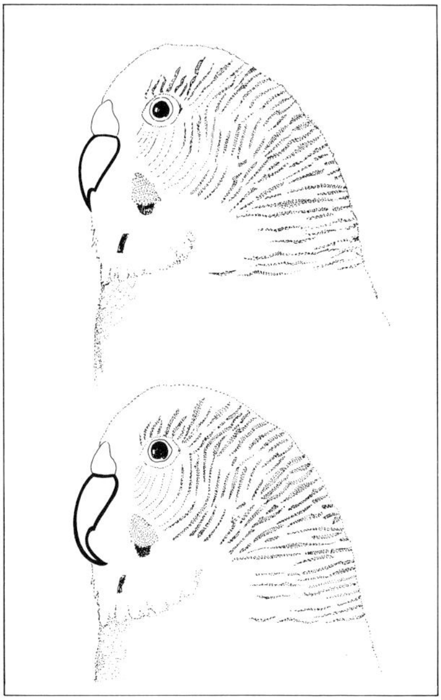

Wem Watte, die mit Eisenchloridlösung getränkt ist, zu schwer zu beschaffen ist, kann auch etwas Alleskleber bereit halten, in den die blutende Kralle getunkt wird. In beiden Fällen stoppt die Blutung sehr schnell.

Schnabelschneiden

Vor allem bei älteren Vögeln, aber auch bei Heimvögeln, die nicht genug Möglichkeiten zur Schnabelpflege haben, kommt es gelegentlich vor, daß der Schnabel zu lang wird und den Vogel beim Enthülsen der Körner behindert. Der Schnabel des Wellensittichs besteht aus Horn und wächst zeitlebens weiter. Deswegen brauchen alle Sittiche Zweige, Kalksteine oder Sepiaschalen, an denen sie ihren Schnabel abnutzen und wetzen können.

Zum Schnabelschneiden nimmt man den Wellensittich wieder in die eine Hand und hält den Kopf vorsichtig, aber bestimmt fest. Mit einer kräftigen Schere schneidet man jetzt kreuzförmig den Schnabel mit Hilfe der anderen Hand so zurecht, wie er bei normaler Abnutzung aussehen muß.

Wer sich Krallen- oder Schnabelschneiden nicht selbst zutraut, kann dies auch von einem Tierarzt machen lassen. Auch viele Zoohändler sind zu dieser Dienstleistung bereit, vor allem, wenn man dort als Kunde bekannt ist.

Ein kleines Pflegeprogramm für Wellensittichbesitzer

Wer einen oder sogar mehrere Wellensittiche erworben hat, hat damit auch die Verantwortung für ihr Wohlergehen übernommen. Dazu gehört, daß man sich regelmäßig um die nötige Pflege seiner Schützlinge kümmert, auch wenn die erste Begeisterung verflogen ist. Wellensittiche sind sehr genügsame Vögel, die wenig Arbeit machen. Nur Einzelvögel brauchen besondere Aufmerksamkeit und Zuwendung. Wenn man diese nicht mehr erübrigen kann, dann sollte man einen zweiten zukaufen. Zu einem älteren Männchen sollte man aber kein junges, sondern nur ein erfahrenes Weibchen oder ein anderes Männchen zusetzen. Zu älteren Weibchen darf man auf gar keinen Fall jüngere Weibchen geben, diese können sogar umgebracht werden.

Wer sich ein kleines Pflegeprogramm zu eigen macht, für den werden die notwendige Pflegearbeiten bald zur Gewohnheit und Selbstverständlichkeit werden.

Tägliche Arbeiten

Zu möglichst gleichen Zeiten sollten täglich folgende Arbeiten vorgenommen werden:

- Füttern (Körnerfutter, Obst, Grünfutter, Zuchttiere erhalten zusätzlich zweimal am Tag Keim- und Aufzuchtfutter). Futterreste werden entfernt, es wird kontrolliert, ob auch gefressen wurde.
- Trinkwasser erneuern.
- Tiere auf den Gesundheitszustand kontrollieren.
- Bei brütenden Tieren Nistkastenkontrolle vornehmen.

Arbeiten für jeden zweiten Tag

- Bei Einzelvögeln oder Paaren Vogelsand erneuern.
- Einzelvögeln Freiflug gewähren.
- Zusatzfutter reichen (Obst).

Wöchentliche Arbeiten

- Futtergefäße, Käfig und Sitzstangen gründlich reinigen.
- Volierenboden absaugen und Einstreu erneuern.
- Futtervorräte auf Schädlingsbefall prüfen.

Monatliche Arbeiten

- Käfig, Volieren, Stangen, Sitzgelegenheiten und Dekorationsmaterial gründlich reinigen und desinfizieren.
- Äste und Zweige sowie alte Sitzgelegenheiten erneuern.
- Krallen und Schnäbel beschneiden, falls erforderlich.
- In Volieren stichprobenartig Wellensittiche einfangen und auf ihren Gesundheitszustand hin überprüfen.
- Außenvolieren auf Beschädigungen prüfen, diese reparieren.

Halbjährliche Arbeiten

- In Außenvolieren mit Naturboden Bodengrund auswechseln (mindestens 30 cm tief ausspaten), um Krankheitserreger oder Wurmeier rechtzeitig zu beseitigen.

Jährliche Arbeiten

- Heimkäfige und Innenvolieren auf Beschädigungen und Verschleiß prüfen, eventuell neue Käfige oder Volieren bauen oder kaufen bzw. notwendige Reparaturen vornehmen.
- Außenvolieren streichen, Dächer auf Dichtigkeit überprüfen.

Zwei Wellensittich-Männchen: Normal Dunkelblau und Normal Hellgrün.

Der rechte Vogel ist ein bißchen müde und hat sein Gefieder aufgeplustert.

Der zahme und sprechende Wellensittich

Wichtigste Voraussetzung dafür, einen zahmen und vielleicht auch noch sprechenden Wellensittich zu bekommen, ist, daß es sich um einen möglichst jungen Vogel handelt. Wie man diesen sicher erkennt, kann im Kapitel »Worauf soll man beim Kauf des Wellensittichs achten« nachgelesen werden. Je älter der Wellensittich ist, desto schwerer läßt er sich zähmen. Vögel, die älter als ein halbes Jahr sind, werden sich dem Menschen nicht mehr anschließen und stets scheu bleiben.

Die ersten Tage

Die Trennung von den Eltern und den Artgenossen ist für den jungen Wellensittich ein sehr einschneidendes Erlebnis. Daher sollte man ihm erst einige Tage Zeit geben, sich an die neue Umgebung zu gewöhnen, bevor man mit der Zähmung beginnt.

Auf die neue Situation reagieren die Wellensittiche ganz unterschiedlich. Manche sitzen die ersten Tage traurig auf den Stangen. Andere wiederum turnen im Käfig umher und machen die ungewöhnlichsten Verrenkungen, Überschläge usw. Dies ist keinesfalls ein Zeichen für besondere Munterkeit und Lebensfreude, sondern resultiert aus dem nutzlosen Versuch, sich der neuen Situation zu entziehen und möglichst irgendwo zu verstecken.

In jedem Fall wird aber der neue Hausgenosse in den ersten Tagen nur das Nötigste fressen. Deswegen sollte man ihm leicht erreichbar, am besten in der Höhe der obersten Sitzstange, ein Stück Kolbenhirse befestigen.

In den ersten zwei bis drei Tagen wird man nur direkt an den Käfig treten, wenn es nötig ist, etwa um Futter und Wasser zu wechseln. Ansonsten braucht er noch völlige Ruhe. Abends deckt man den Käfig am besten mit einem luftdurchlässigen Tuch zu, also etwa einem Leintuch, damit er die nötige Nachtruhe bekommt.

Die Zähmung des Wellensittichs

Nach den ersten drei Tagen kann man schon mehrmals am Tag an den Käfig treten und ruhig auf den Wellensittich einsprechen. Dabei sollte man unbedingt darauf achten, daß der Standort des Käfigs in Augenhöhe ist. Wenn der Wellensittich vielleicht auch die ersten paar Male, wenn man an den Käfig tritt, nervös reagiert, so wird er doch bald schon ganz normal sitzenbleiben und sogar an das Käfiggitter zum Pfleger kommen.

Man kann nun einfach versuchen, mit der Hand in den Käfig zu gehen und ihm den Finger vor den Bauch zu halten (nicht vor die Füße). Dabei darf man ruhig einen leichten Druck auf den Bauch geben, falls er nicht sofort wegfliegt oder wegklettert, sondern ruhig sitzenbleibt. Manche Wellensittiche – nicht alle – haben so wenig Angst vor der Hand, daß sie praktisch sofort auf den Finger gehen.

Wenn der Wellensittich jedoch dem Finger ausweicht – meist geht er auf den Käfigboden –, sollte man den Versuch einstellen und einen anderen Weg ausprobieren. Dazu nimmt man ihm für drei bis vier Stunden das Futter weg und bietet ihm dann entweder Futter aus der Hand oder aus dem gewohnten Futtergefäß im Käfig oder sogar schon im Käfigtürchen an. Ein hungriger Wellensittich verliert schnell seine Scheu und wird sich bald auch auf den Finger setzen, um zu fressen.

Der nächste Schritt besteht darin, ihn immer wieder vom einen auf den anderen Finger klettern zu lassen. Dabei macht man sich auch das natürliche Kletterbedürfnis zunutze. Man sollte ihn nun auf die Schulter setzen und daran gewöhnen, dort einen Rast- und Ruheplatz zu finden. Auch beim Freiflug wird er dann immer wieder auf die Schulter fliegen.

Junge Wellensittiche neigen dazu, sich auf den Kopf der Pfleger, aber auch Besucher zu setzen. Dies ist nicht jedermanns Sache, daher sollte man es ihnen schnell abgewöhnen.

Wenn ein Wellensittich handzahm ist, also auf den Finger genommen werden kann, ist der Zeitpunkt gekommen, ihm mehr Freiflug zu gewähren. Immer noch muß dies unter Aufsicht geschehen, aber es ist jetzt einfacher, ihn in den Käfig zurückzusetzen.

Nur in Notfällen sollte ein Wellensittich während des Zähmungsprozesses in die Hand genommen werden. Kein Wellensittich liebt das und man kann den Zähmungsprozeß dadurch empfindlich stören. Auch wenn man ihm Freiflug gegeben hat und er wieder in den Käfig soll, sollte man nicht versuchen, ihn so lange zu scheuchen, bis man ihn greifen kann. Dadurch macht man ihn nur scheu und er wird lange brauchen, bis er wirklich zahm wird. Besser ist es, den ersten Freiflug in die Abendstunden zu verlegen. Kehrt er dann nicht von alleine in den Käfig zurück oder läßt er sich nicht auf den Finger nehmen, so merkt man sich die Stelle, an der er sitzt, verdunkelt den Raum und greift ihn vorsichtig. Möglichst noch im Dunkeln setzt man ihn dann wieder in den Käfig und macht erst dann wieder Licht. Ein handzahmer Wellensittich läßt sich zwar nicht besonders gerne in die Hand nehmen, er wird es dem Pfleger aber nicht verübeln.

Während des Zähmungsprozesses kann man auch versuchen, den Wellensittich mit einem kleinen Stöckchen im Nacken zu kraulen. In der Natur halten Wellensittiche, meist in der Mittagszeit, ausgedehnte Sozialstunden ab, während derer sie sich gegenseitig kraulen und das Gefieder putzen. Schließt der Vogel beim Kraulen die Augen und dreht auch noch den Kopf leicht mit, wissen wir, daß ihm dies gefällt. Nun kann das Stöckchen immer kürzer werden, bis man ihn endlich mit dem Finger kraulen kann.

Läßt sich der Wellensittich jederzeit auf die Hand nehmen und am Köpfchen kraulen, ist der Zähmungsprozeß abgeschlossen. Allerdings sollte man auch dann aus hygienischen Gründen vermeiden, mit dem Vogel herumzuschmusen. »Küßchen geben« gehört nicht in das natürliche Verhaltensmuster eines Wellensittichs und kann nur zur Übertragung von Krankheiten führen.

Zahme Wellensittiche werden oft längere Zeit im Freiflug gehalten. Unter ihre bevorzugten Sitzplätze legt

Ein erster Vertrauensbeweis: Das an der Käfigtür dargereichte Futter wird angenommen.

man am besten etwas Papier, dann lassen sich die kleinen, schnelltrocknenden Kothäufchen leicht wegräumen.

Bald werden sie versuchen, dem Pfleger alles nachzumachen und sich bei Küchen-, Haushalts- und Schreibtischarbeiten beteiligen. Aus hygienischen Gründen sollte man Wellensittiche während der Mahlzeiten einsperren, sie zumindest jedoch nicht vom selben Teller essen lassen. Fleisch, fette oder gewürzte Speisen sowie Alkohol und heiße Getränke sind für Wellensittiche natürlich vollkommen ungeeignet. Ansonsten schadet es ihnen nichts, wenn sie einmal eine Kleinigkeit probieren.

Zahme Wellensittiche »lesen« auf merkwürdige Art und Weise, denn sie werden z.B. auf dem Schreibtisch versuchen, die dort liegenden Blätter anzuknabbern, so wie sie zum Leidwesen der Pfleger vieles gründlich mit dem Schnabel untersuchen. Allerdings spielen sie oft auch nur mit Gegenständen wie Büroklammern oder Kugelschreibern. Trotzdem sollte man auch zahmen Wellensittichen Freiflug nur unter Aufsicht gewähren. Dies sollte man gerade deswegen tun, weil vor allem zahme Wellensittiche oft wegfliegen. Auch wenn er in der Wohnung auf Pfiff herankommt, in Freiheit ist er schnell außer Sicht und kaum wiederzubekommen. Wenn man das Haus verläßt, sollte man überprüfen, wo sich der Wellensittich gerade aufhält, nicht, daß er auf der Schulter sitzenbleibt.

Kann man auch mehrere Wellensittiche zähmen?

Wer sich von Anfang an zwei oder noch mehr Wellensittiche kauft, wird auf ganz zahme Vögel verzichten müssen. Sie bekommen zwar bei viel Auf-

So bringt man dem Wellensittich das Sprechen bei: In kurzer Entfernung und möglichst in Augenkontakt vor das Gesicht halten und immer wieder das gleiche Wort sprechen. Mit etwas Glück kommen so schnell einige Worte zusammen.

merksamkeit eine gewisse Zutraulichkeit, aber richtig zahm werden sie nie. Etwas anderes ist es, wenn man erst einen Wellensittich vollkommen zähmt und ihm dann einen zweiten, noch ganz jungen Wellensittich zugibt. Natürlich muß man dann die gleiche Zeit wie bisher aufbringen. Der zweite wird dem ersten, schon erfahreneren Wellensittich schnell alles nachmachen und bald hat man zwei zahme Wellensittiche. Mit mehr als zwei Vögeln läßt sich dies allerdings nur mit Glück und viel Aufwand erreichen.

Zwei oder mehr Wellensittiche mögen auf diese Weise vielleicht zu zahmen Vögeln werden, zu Sprechern werden sie jedoch nicht, da sie sich gegenseitig unterhalten können. Wer also einen zahmen und sprechenden Vogel haben möchte, kann nur einen Einzelvogel halten.

Der sprechende Wellensittich

Zuerst soll darauf hingewiesen werden, daß es bei den Wellensittichen wahre Sprechtalente gibt, aber auch solche, die es über eine Nachahmung von Sprachgemurmel niemals zu einem verständlichen Wort bringen. Da hilft dann auch keine Nachhilfe, z.B. über Körner (sogenannte Sprechperlen). Es gibt ja auch bei den Menschen die unterschiedlichsten Talente. Wenn man einen Wellensittich hat, der nicht spricht, so sollte man aber nicht zu traurig sein und etwa die Pflege vernachlässigen. Auch ein Wellensittich, der »nur« zahm ist, ist aufgrund seiner Neugier und Zutraulichkeit ein drolliger Unterhalter.

Mit dem Sprechtraining beginnt man, wenn der Vogel so zahm geworden ist, daß er ruhig auf dem Finger

Ein kleiner Streit kann auch unter zahmen Vögeln vorkommen. Solange es nicht überhand nimmt, braucht man nicht einzugreifen.

sitzenbleibt. In den Morgen- oder Abendstunden hält man ihn auf dem Finger in einigen Zentimetern Abstand vor das Gesicht und spricht ihm immer wieder etwas vor, bis er es nachspricht. Geduld ist das A und O des Sprechtrainings und nur mit viel Ausdauer lassen sich Ergebnisse erzielen. Man darf nicht gleich aufgeben, nur weil der Vogel nach einer Woche noch nicht spricht, einige Wochen Zeit lassen sollte man ihm schon. Je mehr Zeit man für das Sprechtraining aufwenden kann, desto eher wird dies zum Erfolg führen.

Das erste Wort sollte der Name des Wellensittichs sein, dann sollte er auch möglichst schnell seine Adresse lernen. Zwar sprechen manche Wellensittiche etwas undeutlich, so daß sie nur von den Pflegern oder nach Gewöhnung verstanden werden können, aber ein Großteil lernt doch, deutlich zu sprechen. Wenn er dann einmal weggeflogen ist, besteht eine größere Aussicht, ihn wiederzubekommen, wenn er seine Adresse aufsagen kann.

Mit dem zweiten Wort sollte man nicht beginnen, bevor der Wellensittich das erste richtig gelernt hat. Bei der

Auswahl der zu lernenden Worte sollte man mit einfachen Worten beginnen. Hansi, Bubi, Pucki oder ein ähnlich kurzes Wort und kurze Sätze mit möglichst vielen Vokalen eignen sich am Anfang des Sprechtrainings sehr gut.

Das Sprechtraining sollte täglich nicht mehr als eine halbe Stunde dauern. Danach kann sich der Wellensittich nicht mehr richtig konzentrieren und wird zu leicht abgelenkt. Hat er erst einmal die ersten Worte gelernt, läßt sich der Wortschatz schneller erweitern. Ein mittelmäßiger Sprecher lernt 50 bis 100 Worte, ein guter soll bis zu über 500 verschiedene Worte sprechen können. Natürlich wird die Wiedergabe nie so täuschend ähnlich wie bei einem Beo oder einem Graupapagei sein, aber die Stimme des Pflegers kann man oft aus den gesprochenen Worten wiedererkennen. Auch andere Geräusche, das Pfeifen von kleinen Melodien oder Türknarren, lernen manche Wellensittiche. Allerdings sind auch hier die Begabungen ganz unterschiedlich.

Ein Wellensittich kann durchaus lernen, bestimmte Ereignisse mit bestimmten Worten oder Sätzen in Zusammenhang zu bringen. Wenn man ihn morgens immer mit dem gleichen Satz begrüßt, z. B. »Guten Morgen. Alles klar?«, so kann er ohne weiteres lernen, diesen Satz schon zu sagen, wenn wir morgens die Tür öffnen. Kommt mittags ein Kind nach Hause, das immer mit dem Satz »Hallo, Sabine« begrüßt wird, so wäre es verwunderlich, wenn der Wellensittich nicht über kurz oder lang diese Begrüßung übernimmt, vor allem wenn es sich um den regelmäßigen Pfleger handelt und kurz nach der Ankunft etwa der Freiflug beginnt.

Besuchern die Sprachkenntnisse des Wellensittichs vorzuführen, kann etwas problematisch sein. Zwingen kann man den Wellensittich dazu auf keinen Fall. Wenn man ihn aber ganz normal behandelt und etwa ein lebhaftes Gespräch an der Kaffeetafel führt, so wird er sich dadurch anregen lassen und schon bald beginnen, sein Sprachrepertoire abzuspulen.

Sollte Ihr Wellensittich jedoch trotz aller Mühe und großen Zeitaufwands nicht sprechen lernen, so sollten Sie ihn deswegen nicht weniger mögen, denn Wellensittiche haben ein Gespür für Zuneigung und können viel aus dem Tonfall des Pflegers erkennen. Auch nichtsprechende Wellensittiche sind liebenswerte Hausgenossen und können viel Freude und gute Laune bereiten.

Wellensittiche verstehen

Wellensittiche haben zwar keine Sprache, mit der sie sich wie wir Menschen verständigen können, aber sie können ihren Artgenossen und auch dem Pfleger durch Lautäußerungen und Verhalten Sachverhalte zu verstehen geben.

Eine der zwar weniger erfreulichen, aber meist doch selten vorkommenden Äußerungen ist das relativ laute Kekkern, das Schimpfen. Dies ist ein Zeichen dafür, daß der Wellensittich mit einem Lebensumstand nicht einverstanden ist. Allerdings können die Ursachen ganz verschieden sein und es ist manchmal gar nicht leicht, dahinter zu kommen, was der Auslöser für dieses Verhalten ist.

Sitzen mehrere Wellensittiche in einem großen Käfig oder einer Voliere, wird es immer wieder Zank geben. Anlaß kann schon der Streit um den Sitzplatz einen Zentimeter mehr rechts sein. Zanken, ohne dies jedoch zu einer echten Auseinandersetzung werden zu lassen, gehört zu den wichtigen sozialen Verhaltensweisen im Schwarm und ist, so merkwürdig dies vielleicht klingen mag, gut für den Schwarmzusammenhalt. Natürlich schimpft sowohl der Wellensittich, der mit dem Zank angefangen hat, als auch der angegiftete, es ist also sowohl Angriffs- als auch Abwehrverhalten.

Erschreckte Wellensittiche fliegen schimpfend davon. Hier hat das Schimpfen einen anderen Grund, es soll den Schwarm warnen. Deswegen ist dieses Keckern auch meist lauter und schriller als das Schimpfen bei anderen Gelegenheiten. Das Warnschimpfen einzeln gehaltener Heimvögel unterscheidet sich nicht von dem der Wildvögel. Trotz der langen Zeit, in der der Wellensittich schon Heimtier ist, sind seine wichtigsten Reaktionen und Instinkte noch erhalten.

Einzeln gehaltene Wellensittiche schließlich schimpfen gelegentlich, wenn ihnen etwas nicht gefällt. So kann dies bedeuten, daß sie Freiflug haben wollen, meist sind sie dann auch sehr unruhig und turnen im Käfig, vor allem an der Käfigtür, umher. Es kann aber auch etwas am, im oder in der Nähe des Käfigs sein, das sie ärgert. Dazu reicht ein heruntergeworfenes Spielzeug, ein Gegenstand in der Umgebung des Käfigs, der neu ist oder vor dem Käfig liegendes, aber für den Wellensittich nicht erreichbares Futter.

Wellensittiche sind sehr neugierig. Gleichzeitig haben sie jedoch eine angeborene Vorsicht. Alles, mit dem sie zum ersten Mal zusammenkommen, wird erst aus der Entfernung beäugt, danach vielleicht schon etwas aus der Nähe betrachtet, mit dem Schnabel beklopft, schließlich leicht mit Schnabel und Zunge untersucht und dann wird auch schon einmal fest geknabbert oder, wenn der Widerstand nicht groß ist, fest zugebissen. Sollte es sich dabei gerade um einen Körperteil, z. B. das Ohr des Pflegers handeln, darf man auf keinen Fall mit Strafe reagieren. Da aber der Pfleger zusammenzuckt, erschrickt der Vogel und streicht schimpfend davon. Er wird es allerdings immer wieder versuchen, lernt dann jedoch schnell, bis zu welchem Punkt er z. B. beim Knabbern gehen darf.

Das Untersuchen von Gegenständen mit dem Schnabel kann man also dem Wellensittich kaum abgewöhnen, es ist ihm angeboren. Dies ist einer der Gründe dafür, daß man ihn beim Freiflug beobachten muß, denn er wird nicht immer nur sein Futter anknabbern.

Gelegentlich balzen alleingehaltene zahme Männchen den Pfleger oder einen Spiegel an. Dieses Verhalten ist bei der Zucht beschrieben.

Sitzt ein Wellensittich leise vor sich hin schwatzend auf der Stange, ist dies ein Zeichen seiner Müdigkeit. Zum Schlafen wird dann ein Bein eingezogen und der Kopf unter das Gefieder gesteckt. Dies kann auch einmal tagsüber der Fall sein. Hört der Wellensittich dann aber laute Stimmen, wacht er auf. Sehr junge und relativ alte Vögel können oft noch nicht auf einem oder nur noch auf zwei Beinen schlafen.

Ein Wellensittich, der tagsüber nur gelegentlich seinen Kopf aus dem Gefieder steckt, meist beidbeinig lustlos auf der Stange sitzt und sein Gefieder aufplustert, ist krank. Genaueres ist im entsprechenden Kapitel nachzulesen.

Stochert ein Wellensittich immer wieder aufgeregt in seinem Futternapf herum, findet er wahrscheinlich nichts mehr zu fressen. So weit sollte man es nicht kommen lassen, dann aber zumindest dieses Zeichen erkennen.

Wenn man sich mit einem Wellensittich etwas näher beschäftigt, lernt man schnell, seine Lautäußerungen und sein Verhalten zu deuten. Auch bei der Beobachtung eines kleinen Schwarmes in einer Voliere kann man interessante Schlüsse über die Rangordnung unter den Wellensittichen machen, denn eine solche existiert.

Das Verhalten des Wellensittichs zu kennen und zu deuten sind wichtige Voraussetzungen, um immer über das Befinden und vor allem Wohlbefinden informiert zu sein.

Wie man Wellensittiche züchtet

Der Weg vom normalen Halter von Wellensittichen zum Züchter ist nicht weit. Viele Züchter haben mit einem oder mehreren zahmen Heimvögeln begonnen. Ob es dann das Interesse an den Schauwellensittichen und am Ausstellungswesen, die Freude am Wellensittichleben in einer Voliere oder Zufall ist, indem nämlich ein im Käfig gehaltenes Pärchen eines Morgens ein Ei in eine Käfigecke gelegt hat, zum Züchter kann man auf viele Arten und aus unterschiedlichen Motiven werden. Vor jedem Zuchtversuch sind jedoch erst einmal einige grundlegende Fragen zu klären.

Die gesetzlichen Grundlagen

Jede Zucht, auch die kleinste Liebhaberzucht, ist genehmigungspflichtig. Gesetzliche Grundlage dafür ist die Psittacoseverordnung, die die Ausbreitung der Psittacose verhindern soll.

In den 30er Jahren erkrankten Menschen, die mit Papageien zu tun hatten, an einer zunächst völlig rätselhaften Krankheit. In leichten Fällen kam es zu einer Art Grippe, die sich jedoch zu einer Art schwerer Lungenentzündung verschlechtern konnte. Bis zu 60 % der Personen, die daran erkrankten, starben. Als man feststellte, daß diese Krankheit von Papageien oder Sittichen auf den Menschen übertragen wurde, verbot man 1936 den Import, der erst in den 60er Jahren wieder grundsätzlich erlaubt wurde, bis die Einschränkungen durch das Bundesartenschutzgesetz wieder zu einer Reglementierung führten. Von diesem Gesetz ist der Wellensittich jedoch ausgenommen.

Trotzdem muß jeder Züchter und Händler ein amtliches Nachweisbuch mit Dokumentencharakter führen. Darin muß jeder Zu- und Abgang mit Ringnummer, Name und Adresse des Käufers bzw. der Todesursache aufgeführt werden. Wer dies nicht tut oder bei einer Kontrolle keinen lückenlosen Nachweis erbringen kann, muß mit der Beschlagnahme und Vernichtung seines Bestandes rechnen. Kein Zoohändler übrigens wird und darf einen Wellensittich aus einer nichtangemeldeten Zucht ankaufen.

Inzwischen hat man festgestellt, daß die Psittacose nicht nur von Papageien und Sittichen, sondern auch von Tauben, Spatzen und vom Geflügel übertragen werden kann. Trotzdem ist die Psittacoseverordnung weiter in Kraft. Auch heute erkranken noch Menschen an dieser Krankheit und gelegentlich kommt es sogar zu Todesfällen, wenn die notwendige Antibiotika-Behandlung ausbleibt.

Die geeigneten Räumlichkeiten für die Zucht

Wer sich aber nun weder von den gesetzlichen Vorschriften noch von der mit der Zucht selbstverständlich verbundenen Mehrarbeit abschrecken läßt, muß zuvor beim zuständigen Amtstierarzt einen Antrag auf Zuchtgenehmigung stellen. Dieser kommt, gelegentlich auch unangemeldet, in die Wohnung und inspiziert die vorgesehenen Räumlichkeiten. Für eine Zucht in

Küchen- oder Schlafräumen wird schon aus hygienischen Gründen keine Genehmigung erteilt. Der Zuchtraum soll sauber, hell und luftig sein, die Käfige müssen artgerecht sein und den Vögeln ausreichende Bewegungsfreiheit garantieren. Es kommt aber durchaus auch ein Kellerraum in Frage, der diese Voraussetzungen erfüllt. Meist wird nur für größere Zuchtbestände verlangt, daß auch ein kleiner Raum mit Wasseranschluß und spezieller Kleidung vorhanden ist, in dem an Psittacose erkrankte Tiere behandelt werden müssen. Diese Auflagen liegen aber im Ermessen des Amtstierarztes. Meist wird zumindest das Vorhandensein eines geeigneten Raumes geprüft, wenn dieser auch nicht sofort einsatzfähig sein muß.

Die Sachkundeprüfung

Zum Erlangen der Zuchtgenehmigung muß weiterhin eine Sachkundeprüfung abgelegt werden, die ebenfalls vom Amtstierarzt abgenommen wird. Diese besteht aus zwei Teilen. Im ersten muß der zukünftige Züchter nachweisen, daß er in der Lage ist, die Psittacose zu erkennen, indem er die wichtigsten Symptome schildert. Im zweiten Teil muß er Fragen über Haltung, Fütterung und Zuchtmethoden sowie einige einfache Fragen zu den Grundlagen der Vererbung beantworten. Wer also die Zuchtgenehmigung erhalten will, sollte, bevor er damit beginnt, zumindest dieses Buch gründlich studieren.

Die Erteilung der Zuchtgenehmigung ist gebührenpflichtig, wenn auch keineswegs teuer. Auch für die möglichen, unangemeldeten Besuche des Amtstierarztes bei einem Züchter ist eine kleine Gebühr zu entrichten.

Ringe

Nur wer im Besitz der amtlichen Zuchtgenehmigung ist, kann Ringe verwenden. Dabei kann der nichtorganisierte Züchter auf die sogenannten amtlichen Ringe des Zentralverbandes zoologischer Fachhändler zurückgreifen. Diese offenen Ringe können Wellensittichen jeden Alters umgelegt werden. Da auf ihnen auch kein Jahrgang vermerkt ist, sondern nur die laufende Nummer und die Kennziffer des Bundeslandes, kann anhand des offenen Ringes nicht auf das Alter des Wellensittichs zurückgeschlossen werden.

Die anerkannten Verbände, so der »Deutsche Wellensittichzüchter-Verein« in der größten deutschen Vogelzüchter-Vereinigung, der AZ (AZ-DWV, Kontaktadresse im Anhang), geben eigene Ringe aus, die im Gegensatz zu den offenen amtlichen Ringen geschlossen sind und nur bis etwa zum 8. Lebenstag angelegt werden können. Deshalb werden sie auf den Ausstellungen auch als Selbstzuchtnachweis anerkannt. Manipulationen an diesen Ringen führen zum Ausschluß aus den Verbänden. Diese geschlossenen Ringe sind meist in jahresweise unterschiedlichen Farben eloxiert. Außerdem sind auf ihnen das Jahr, eine laufende Nummer und die Mitgliedsnummer des Züchters in der entsprechenden Vereinigung vermerkt.

Eine Zuchtanlage mit Heckboxen, wie man sie heute bei Schauwellensittich-Züchtern antrifft. Auch bei beengten Raumverhältnissen läßt sich so eine vorbildliche Zucht aufbauen.

Sowohl die offenen als auch die geschlossenen Ringe erhält man nur unter Vorlage einer Kopie der amtlichen Zuchtgenehmigung.

Die Absatzfrage

Nachdem man die amtliche Nachzuchtgenehmigung erworben hat, sollte man jedoch erst die Absatzfrage klären, bevor man mit der Zucht beginnt. Gerade bei einer kleinen Zucht mit vielleicht nur einem Paar werden sich zunächst einige Bekannte und Verwandte zur Abnahme eines Vogels bereit erklären. Ist es dann soweit, hört man die unterschiedlichsten Entschuldigungen, außerdem ist auch der Bedarf meist schnell gedeckt.

Eine Überraschung wird man aber auch oft beim Zoohändler erleben. Dieser möchte es sich mit seinem normalen Lieferanten nicht verderben, der ihm ja das ganze Jahr über Tiere liefert. So verkauft er dem Züchter gerne die notwendigen Käfige, aber nimmt nur gelegentlich die Jungen ab. Schauwellensittiche von guter Qualität werden sowieso meist nur unter Züchterkollegen abgesetzt, jedoch überzählige oder nicht ausreichend gute Vögel kommen auf den Zoohandel zu.

Man darf sich auch nicht zuviel Profit von der Wellensittichzucht versprechen. Der Händler muß bei seinen Preisen die Betriebskosten, die anteiligen Anschaffungskosten der Verkaufsanlage und das Futter bis zum Verkauf einrechnen, dazu kommt dann erst noch der Gewinn. Viel mehr als ein Drittel des Verkaufspreises läßt sich daher nicht erwarten. Reich werden kann man mit der Wellensittichzucht auf keinen Fall. Wenn man aber regelmäßig und vor allem zu bestimmten Zeiten, wenn der Bedarf besonders groß ist, z.B. vor Weihnachten, ausreichende Mengen liefern kann, kann daraus durchaus ein kleiner Nebenverdienst werden.

Die Auswahl der Zuchtvögel

Ein Großteil des Zuchterfolges hängt schon von der Auswahl der Zuchttiere ab. Daß diese gesund und in guter Kondition sein müssen, versteht sich von selbst.

Wer für den Zoohandel die sogenannten Hansi-Bubi-Wellensittiche züchten will, kann auch seine Ausgangstiere dort kaufen. Männchen und Weibchen sollten allerdings in zwei verschiedenen Geschäften erworben werden, um von vornherein die Gefahr des Auftretens von Inzuchterscheinungen zu vermeiden. Um sicherzugehen, keine alten Brutvögel zu erhalten, sollte man auch zu Zuchtzwecken erst einmal junge Vögel beschaffen, die man dann im Laufe der nächsten Monate mit entsprechend guter Fütterung in Zuchtkondition bringen kann. Zahme und auf den Menschen geprägte Vögel scheiden allerdings für den Zuchtbetrieb aus. Sie sind in aller Regel schlechte und unzuverlässige Eltern.

Der Schauwellensittich-Züchter muß seine Vögel, will er mit einigem Erfolg züchten, bei einem anderen Züchter erwerben. Dabei soll er sie sich nicht zusenden lassen, sondern selbst aussuchen. Wenn möglich, sollte man zu diesem Kauf einen anderen, bereits erfahrenen Züchter mitnehmen. Die Mehrzahl der Züchter ist sicher reell, aber schwarze Schafe gibt es überall.

Schauwellensittiche werden auch zu anderen Preisen gehandelt als die normalen Hansi-Bubi-Wellensittiche. Für ein gutes Paar oder einen kleinen Schwarm kommt leicht ein vierstelliger Betrag zusammen. Beim Preis müssen natürlich auch die Ausstellungserfolge berücksichtigt werden. So wird ein mehrfacher Bundessieger der Champion-Stufe (C) sicher mehr für seine Vögel verlangen können und auch bekommen als ein Züchter der Anfänger-, Züchter- oder Fortgeschrittenen-Stufe (A, Z, F), auch wenn er schon Erfolge auf überregionalen Schauen hatte. Wenn man zum Kauf entschlossen ist, sollte man nicht versuchen, den Preis, den der Zoohandel für weniger gute Tiere bezahlt, anzubieten, allerdings kann man ruhig versuchen, etwas zu handeln, vor allem, wenn man mehrere Vögel erwerben will.

Beim Kauf vom Züchter sollte man sich die Volieren oder den Zuchtraum

Der horizontale Nistkasten hat sich in der Wellensittichzucht als besonders günstig erwiesen: Die Eltern, die in den Kasten hüpfen, können die Eier oder Jungen nicht gefährden. Der aufklappbare Deckel erlaubt jederzeit eine Kontrolle.

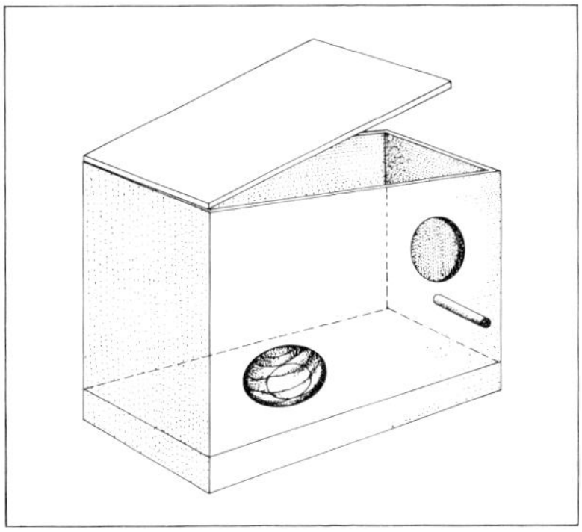

der Halter genau anschauen. Natürlich kann einmal die Tagesarbeit liegengeblieben sein, aber größere Kothaufen und Spinnweben dürfen ebensowenig vorhanden sein wie ein insgesamt unsauberer Eindruck. Um den Wellensittich genau beurteilen zu können, sollte man ihn sich in einem Ausstellungskäfig präsentieren lassen, vielleicht sogar im Vergleich mit dem besten Ausstellungsvogel des Züchters. So kann man am besten beurteilen, ob der Wellensittich einen guten Gesamteindruck macht. Perfekte Vögel kann man nicht erwarten, aber über kleine Fehler sollte man offen sprechen. Weitere Informationen finden sich bei der Beschreibung des idealen Schauwellensittichs.

Während der Schauwellensittich-Züchter einzelne Farbschläge möglichst rein und standardgerecht züchten will, verlangt der Zoohandel ein größeres Farbsortiment. Hier sollte sich der Züchter mit den Vererbungsgesetzen etwas stärker auseinandersetzen, um ein entsprechendes Angebot liefern zu können. Die »Geschmäcker« sind verschieden, dem einen gefällt der Grüne, dem anderen der Blaue, der dritte schließlich will einen Albino usw.

Natürlich sollte man vor allem Wellensittiche in den Farben züchten, die einem selbst am besten gefallen. Aber derjenige Züchter, der keine Schauwellensittiche zieht, wird sich auch am Markt orientieren müssen.

Der geeignete Nistkasten

Ob man sich für die Volierenzucht entscheidet oder in Einzelkäfigen züchten möchte, immer benötigt man einen Nistkasten.

Der beste Nistkasten ist der horizontale Kasten aus hartem Holz, das den kräftigen Schnäbeln der Wellensittichweibchen mehrere Brutzeiten widersteht. Er hat eine Grundfläche von etwa 15 × 20 cm und ist ungefähr 15 cm hoch. Unter dem Schlupfloch, das seitlich angebracht wird und einen Durchmesser von ungefähr 5 cm haben soll, wird außen eine kleine Anflugstange angebracht. Auf dem Boden des Nistkastens wird in der dem Schlupfloch entgegengesetzt liegenden Hälfte eine kleine Mulde ausgefräst, damit die Eier nicht wegrollen. Nistmaterial braucht nicht eingebracht werden, Wellensittiche brüten auf dem blanken Boden. Der Deckel des Nistkastens muß zu öffnen sein, damit man Nistkastenkontrollen vornehmen und den Käfig nach der Brut gründlich reinigen kann.

Vertikale Nistkästen sind weniger gut geeignet, denn hier kann es vorkommen, daß die Weibchen die Eier beim Betreten zerbrechen. Sie haben allerdings den Vorteil, daß die Jungvögel aus ihnen später ausfliegen und schon kräftiger sind.

Fahrplan für den bestmöglichen Zuchterfolg

1. Nur gesunde Vögel dürfen zur Zucht gelangen. Das Mindestalter für den ersten Zuchtversuch liegt bei knapp einem Jahr. Allerdings, viel älter sollten vor allem auch die Weibchen nicht sein, sie bekommen sonst oft Legeschwierigkeiten.
2. Die Zuchtvögel müssen sich untereinander gut verstehen. Nicht harmonierende Paare sind zu trennen, Störenfriede aus Volieren zu entfernen. Gelegentlich kann man zu einem jungen Weibchen auch ein etwas älteres, schon zuchterfahrenes Männchen setzen, dies verbessert das Zuchtergebnis.
3. Die Zuchtvögel sind durch gute Fütterung in Zuchtkondition zu bringen. Auch sollten sie rechtzeitig an das spezielle Aufzuchtfutter gewöhnt werden.
4. Sobald mehr als ein Paar zur Zucht angesetzt wird, sind mindestens zwei Nistkästen pro Paar vorzusehen.
5. Alle Arbeiten an Voliere oder Käfig sollten rechtzeitig erledigt sein, ebenso sollte sich alles, was für die Zucht benötigt wird, in erreichbarer Nähe befinden, damit man während der Zucht die Störungen auf ein Minimum beschränken kann.
6. Es müssen ausreichend Ringe vorhanden sein, wenn man geschlossen beringen will.

Volierenzucht

Die einfachste Art der Zucht ist die Volierenzucht, die der natürlichen Koloniebrut am nächsten kommt. Sie kommt für die normalen Hansi-Bubi-Vögel, aber auch für Schauwellensittiche eines einzigen Farbschlages in Frage.

Zum geplanten Zuchtbeginn, bei der Außenvoliere im Frühjahr, bei der Zimmervoliere oft schon im Winter, hängt man die Nistkästen auf bzw. bringt alle Vögel gleichzeitig in die Zuchtvoliere ein. Die in der Voliere befindlichen Vögel sollten sich in einem genau gleichen Geschlechterverhältnis befinden, überzählige Vögel, die nicht an der Brut teilnehmen, stören nur. Für jedes Paar sollten zwei Nistgelegenheiten vorhanden sein, denn Wellensittichweibchen sind wählerisch. Gelegentlich kommt es vor, daß ein Weibchen sich nicht für einen Nistkasten entscheiden kann. Dann stört es die anderen nur beim beginnenden Brutgeschäft. Das Weibchen, aber möglichst auch das zugehörige Männchen, muß entfernt werden.

Die Nistkästen sollten im oberen Bereich der Voliere und dort auch noch in ähnlicher Höhe aufgehängt werden. Nistkastenkontrollen müssen zwar noch möglich sein, aber zu niedrig hängende Kästen werden ungern angenommen. Damit sich die Weibchen nicht um einen bestimmten Nistkasten streiten, sollten alle Kästen gleich aus-

Zwei typische Vertreter der Normal Vögel: Die Farbschläge Hellblau und Hellgrün.

sehen. Richtet man für die Volierenbrut eine besondere Voliere ein, so gelten dieselben Einrichtungshinweise wie für jede andere Voliere.

Die Volierenbrut hat den großen Vorteil, daß sich die Wellensittiche selber zu Paaren zusammenfinden können. Bei dem Ansetzen einzelner Paare kann dies schon einmal schwierig sein. Sollten sich einzelne Tiere in der Voliere nicht zu Paaren zusammenfinden, muß man sie aus der Gemeinschaft entfernen. Einen Versuch in einer Heckbox kann man immer noch unternehmen.

Die Zucht mit Paaren

Will man bei Schauwellensittichen bestimmte Eigenschaften verbessern, hat man nur ein Paar eines bestimmten Farbschlages, will man ganz bestimmte Paare zusammenbringen oder hat man Tiere, die in der Voliere nicht zur Brut schreiten, so wird man sich für die Zucht in Einzelkäfigen, in der sogenannten Heckbox, entscheiden. In der modernen Schauwellensittichzucht wird fast nur auf diese Art gezüchtet.

In Frage kommt meistens ein Kistenkäfig, bei dem man allerdings auf ausreichendes Licht im Käfig achten sollte. Im Zweifelsfall ist eine zusätzliche Leuchte zu installieren (dabei die Wärmeentwicklung berücksichtigen!). Der Käfig sollte eine Länge von mindestens einem Meter haben und mindestens 40 cm hoch und tief sein. Futter- und Wassergefäße sowie Nistkästen sind von außen anzubringen, damit man auch hier die Störungen während der Brutzeit auf ein Minimum beschränken kann. In einem Zuchtraum kann man eine ganze Wand für diese Heckboxen vorsehen, während man im Rest des Raumes Volieren für nichtbrütende Tiere oder ausgeflogene Jungvögel vorsieht. Jeder gute Züchter hat auch eine Voliere für ausgediente Zuchtvögel.

Die Paare, die man in der Heckbox zusammensetzt, müssen genau beobachtet werden. Nicht jedes Paar harmoniert miteinander. Wenn die beiden Partner nur streiten und sich das normale Brutverhalten nicht einstellen will, muß man einen der Partner austauschen, auch wenn dies unter Umständen bei einem bestimmten Zuchtziel die Planung durcheinanderbringt. Gut ist es, wenn man in diesen Fällen auf eine kleine Zuchtreserve zurückgreifen kann, die man für diese Zwecke zurückbehalten hat.

Kleine Streitereien kommen aber immer einmal vor und sind ohne Bedeutung. Sind sich die Partner nach zwei bis drei Wochen aber noch nicht einig, sollte man die Verpaarung nicht länger versuchen. Man gefährdet nur das Leben der Weibchen und erhält bestenfalls unbefruchtete Eier.

Hat man mehrere Heckboxen, so sollte man diese von außen kennzeichnen, damit man genau weiß, wo die einzelnen Zuchttiere untergebracht sind.

Der richtige Zeitpunkt für den Beginn der Schauwellensittichzucht ist wichtig, wenn man ausstellen will. Je eher man mit der Zucht beginnt, desto besser schneiden meist die Jungvögel auf den schon im späten Sommer beginnenden Ausstellungen ab. Deswegen gehen viele Schauwellensittichzüchter, aber auch die Züchter für den Zoohandel wegen der dann verstärkten Nachfrage, zur sogenannten Winterzucht über, die im Spätherbst beginnt. Allerdings dürfen die ersten Jungen nicht über eine Woche alt sein, bis die Ringe für das neue Jahr eingetroffen sind. Die meisten Verbände haben sich aber auf diese Situation eingestellt und beginnen rechtzeitig mit dem Ringversand. Wer auf Landes- oder Bundesschauen ausstellen will, braucht in jedem Fall einen beheizten Zuchtraum, in dem die vorgesehenen Vögel bis zum Ende der Schausaison verbleiben, damit die Mauser nicht zu früh einsetzt.

Allgemeine Hinweise für die Zucht

Gleichgültig, ob man im Käfig oder in der Voliere züchtet, mehr als zwei Bruten pro Jahr sollte man nur zulassen, wenn in den ersten beiden Bruten weniger als fünf Jungtiere, bei wertvollen Schauwellensittichen sogar nur drei Jungtiere aufgezogen werden mußten. Hat ein Weibchen mehr als sieben Eier gelegt, so sollte man die überzähligen Eier anderen Weibchen mit weniger Eiern unterlegen oder ganz entfernen. Beide Partner werden sonst zu sehr geschwächt.

Oft legen die Weibchen schon wieder neue Eier, wenn die Jungen gerade erst ausgeflogen sind. Ist aber schon die dritte Brut aufgezogen worden, sollte man schweren Herzens die nächste Brut unterbrechen. Dies liegt auch im Interesse des Züchters, denn dann hat er lange etwas von seinen Vögeln.

Nach der Brutsaison nimmt man die Nistkästen aus der Voliere oder setzt die Brutvögel in eine neue Voliere ohne Brutgelegenheiten. Bei einer rationellen Zucht kann man die Zuchtvoliere oder die Heckboxen für je zwei Bruten umschichtig mit neuen Paaren besetzen. Dies geht natürlich nur in beheizten Innen- und Außenräumen. Das gute halbe Jahr Ruhe, das man seinen Zuchtvögeln dadurch gönnt, wird sich besonders bei wertvollen Vögeln positiv auswirken. Aber auch bei der Zucht von Hansi-Bubi-Vögeln ist dies zu empfehlen.

Manche Züchter trennen die aus der Zucht genommenen Tiere nach Geschlechtern. Dies hat den Vorteil, daß tatsächlich jedes Balz- und Brutverhalten unterbunden wird. Der Nachteil ist, daß man zwei Unterbringungsmöglichkeiten benötigt. Trennt man die Vögel allerdings nicht, muß man damit rechnen, daß zumindest kurze Zeit die Männchen noch die Weibchen anbalzen und die Weibchen auch noch das eine oder andere Ei legen, das man ihnen wegnimmt oder anderen Wellensittichen unterlegt. Nach kurzer Zeit hat sich dieses Verhalten normalisiert.

Gelegentlich kann man eine Kombination zwischen der Zucht in Heckbox und Voliere anwenden. Dabei setzt man die Paare in einfachen Käfigen zusammen, bis sich die Paare fest zusammengefunden haben. Danach werden sie in die Voliere eingesetzt. Meist bleiben die Paarbindungen bestehen, wenn auch bei dieser Methode keine Garantie für die Abstammung der Jungvögel gegeben werden kann.

Die Balz

Die Brut wird von der Balz eingeleitet. Diese verläuft beim Wellensittich immer in ähnlicher Weise und wirkt auf den unvoreingenommenen Betrachter ziemlich drollig. Fast immer ist es das Männchen, das die Balz einleitet. Erst klopft es mit seinem Schnabel an alle möglichen Einrichtungsgegenstände und auch auf den Schnabel des Weibchens. Dann macht es vor dem Weibchen einige Verbeugungen und nickt mit dem Kopf. Schließlich trippelt es auf der Stange vor dem Weibchen hin und her. Dabei gerät das Männchen in einen Zustand höchster Erregung, erkennbar an den verengten Pupillen und der deswegen vergrößerten weißen Iris.

Auf dem Höhepunkt der Erregung des Männchens kommt es, wenn das Weibchen willig ist, zur Kopulation. Das Weibchen fordert das Männchen dazu auf, indem es die Flügel hängen läßt, sich duckt und den Schwanz hochstellt. Das Männchen springt auf den Rücken des Weibchens und hält sich mit dem Schnabel im Nackengefieder fest, und kann sogar leicht auf das Weibchen einhacken. Dann rutscht es solange nach hinten, bis sich die beiden Kloaken berühren und die eigentliche Paarung beginnt. Diese kann mehrere Minuten dauern.

Wenn sich Wellensittichmännchen bei der Balz scheinbar umständlich anstellen und die Balz allzulange zu dauern scheint, so hat dies nichts zu bedeuten. Im Gegenteil, gerade diese Partnerschaften sind oft besonders fest. Ganz besonders muß man darauf achten, daß die Sitzstangen bei der Begattung fest sitzen, sonst kann es zu scheinbar unerklärlichen Mißerfolgen kommen. Auch Krallenfehler des

Die Weibchen legen die weißen Eier in die Nestmulde. Nistmaterial brauchen sie nicht.

Die ersten Jungen sind geschlüpft. Das größte Junge ist 3 Tage alt, das untere einen Tag.

Männchens können sich negativ auswirken.

Zu verschiedenen Zeitpunkten während und nach der Balz würgt das Männchen Futter hervor, um damit das Weibchen zu füttern. Dies hat den Vorteil, daß die Weibchen während der Zucht den Nistkasten nicht oder nur selten zu verlassen brauchen. Wenige Tage nach dem Schlupf beginnen die meisten Männchen, die im Nistkasten befindlichen Jungen mitzufüttern. Auch die gerade flügge gewordenen Jungvögel werden vom Männchen versorgt. Bei älteren Weibchen kommt es vor, daß sie sich auch außerhalb von Brutzeit und Balz vom Männchen füttern lassen. Bruterfahrene und ältere Männchen tun dies meist gerne.

Brutlustige Paare, die auch in bester Brutkondition sind, erkennt man nicht nur am Balzverhalten. Brutlustige Weibchen halten sich längere Zeit in den vorgegebenen Nistmöglichkeiten auf. Es kommt kaum vor, daß einer der beiden Partner längere Zeit lustlos im Käfig sitzt, vor allem in Volieren ist immer Bewegung. Nur brütende Weibchen sind davon natürlich ausgenommen.

Auch am äußeren Erscheinungsbild kann man die Brutkondition erkennen. Die Nasenwachshaut beider Partner ist besonders leuchtend, bei den Männchen kräftig blau oder rosa, bei den Weibchen braun. Das Federkleid ist vollständig, es gibt keine Anzeichen für eine einsetzende Mauser. Pärchen, die sich gefunden haben, zeigen das Bild eines typischen Liebespaares, gehen also sehr zärtlich miteinander um.

Die Brut

Frühestens eine Woche nach der Begattung beginnen die Weibchen mit der Eiablage. Weibchen, die zum ersten

4, 6, 8 und 10 Tage alte Junge. Bei den jüngeren sind gerade die Kiele erkennbar, die älteren zeigen schon erste Federchen.

Nach vier Wochen sind die Jungen fast gleichweit entwikkelt. Die Gefiederfarbe ist schon gut zu erkennen.

Mal legen, können den Züchter bis zu drei Wochen auf das erste Ei warten lassen. Danach braucht man nicht mehr mit einer erfolgreichen Zucht rechnen und sollte die Partner trennen.

Die klein anmutenden Eier sind rein weiß. Meist schon vom ersten Ei an brüten die Weibchen. Von da an verlassen sie den Nistkasten nur noch zur Kotabgabe und um vielleicht etwas frisches Futter und Wasser aufzunehmen. Ansonsten werden sie aber spätestens ab diesem Zeitpunkt vom Männchen mit allem Notwendigen versorgt. Manchmal wird das Männchen schon jetzt im Kasten geduldet. Die Eier werden im Abstand von zwei Tagen gelegt.

Insgesamt können bis zu neun Eier gelegt werden, wobei die größeren, aber auch empfindlicheren Schauwellensittiche meist nur Gelege von zwei bis fünf Eiern produzieren, die kleineren Hansi-Bubi-Vögel aber selten weniger als vier Eier legen. Hat ein Pärchen mehr als sieben Eier gelegt, sollte man ihnen auf jeden Fall die weiteren Eier wegnehmen. Hat man ein anderes brütendes Paar mit einem kleineren Gelege, kann man ihnen die Eier unterlegen. Dies ist auch möglich, wenn die Wellensittiche auf einmal mit der Brut oder Aufzucht aufhören oder einer der Partner während einer frühen Phase der Brut stirbt. Ein künstliches Ausbrüten der Eier ist nicht möglich.

Bevor man einige Eier wegwirft, sollte man jedoch die anderen Eier auf ihre ordnungsgemäße Befruchtung hin untersuchen. Dazu hält man eine starke Lampe unter das Ei und durchleuchtet es. Schon nach einer knappen Woche Brutzeit kann man die ersten Blutbahnen und schon bald den kleinen Embryo erkennen. Unbefruchtete Eier, die auch nach über einer Woche Brutzeit noch keine innere Differenzierung zeigen, sollten möglichst bald entfernt werden.

Wenn von vornherein bei einigen Brutpaaren mit einer größeren Zahl von Eiern gerechnet wird, kann man die Eier auch mit dem Legedatum markieren. Dazu wird das Legedatum vorsichtig mit Blei- oder Filzstift aufgetragen. So lassen sich bei etwas unterschiedlich brütenden Wellensittichen immer die gerade passenden Eier entnehmen und einem Brutpaar mit weniger Eiern unterlegen. Entnommene Eier kann man in einem mit Watte ausgeschlagenen Kästchen sogar mehrere Tage nicht zu warm aufbewahren.

Nach 18 Tagen schlüpft das erste Junge. Da ja die Eier im Abstand von zwei Tagen gelegt wurden, schlüpfen auch die Jungen in diesem Abstand. Bei vielen anderen Vögel führt ein solch unterschiedliches Schlupfdatum dazu, daß die zuletzt geschlüpften Vögel vernachlässigt werden und wenn überhaupt, zu Kümmervögeln heranwachsen. Nicht so jedoch bei Wellensittichen. Das zuletzt geschlüpfte Junge wird instinktiv zuerst mit dem in den ersten Lebenstagen verfütterten Drüsensekret gefüttert, das vom Vormagen produziert wird. Je älter die Jungen sind, desto größer ist der Anteil des im Kropf vorverdauten Körnerfutters. Oft beteiligen sich nach einigen Tagen auch die Männchen an der Aufzucht und werden nicht selten auch im Nistkasten geduldet.

Die frisch geschlüpften Jungen sind noch völlig nackt und blind und müssen fast ständig vom Weibchen gehudert werden. Nach drei bis vier Tagen beginnen jedoch schon die ersten Daunen zu sprießen, nach acht Tagen, wenn die Jungen zum ersten Mal die Augen öffnen, sind die Daunen schon so groß, daß bei einigen Jungvögeln sogar schon die Zugehörigkeit zu bestimmten Farbschlägen erkennbar ist. Kurz danach beginnen auch die ersten Federkiele zu sprießen. Nach zwei bis drei Wochen sind zwar schon fast alle Federkiele zu erkennen, aber erst nach vier Wochen sind die Jungvögel voll befiedert. Kurz vorher beginnen die Jungen schon, im Nistkasten ihre Flügel zu trainieren, sie »propellern«. Zwischendurch schauen sie auch schon einmal aus der Öffnung des Nistkastens.

Wer Schauwellensittiche züchtet, muß seine Wellensittiche mit den geschlossenen Ringen der anerkannten Schauwellensittichzüchter - Verbände beringen, wenn er ausstellen oder auch nur an andere Züchter verkaufen will. Die Beringung muß bis zum achten Lebenstag vorgenommen werden, denn später läßt sich der größenmäßig genau vorgeschriebene Ring nicht mehr ohne Verletzungen anlegen.

Zum Beringen nimmt man den Wellensittich so in die hohle Hand, daß man einen der Füße, möglichst den rechten, zwischen Daumen, Zeige- und Mittelfinger halten kann. Die drei vorderen Zehen werden zusammen gehalten. Dann schiebt man mit der anderen Hand den Ring möglichst weit über die drei Zehen und das Fußgelenk. Mit einem stumpfen Hölzchen, etwa einem abgeschliffenen Zahnstocher, zieht man nun die vierte Zehe ebenfalls durch den Ring. Mit etwas Übung kann man das Beringen schnell lernen.

Es kommt gelegentlich vor, daß die Weibchen den Ring als Fremdkörper ansehen und zu entfernen versuchen.

Geschlossen beringen. So wird's gemacht: Die vorderen beiden und die längere hintere Zehe zusammennehmen und den Ring aufstecken, dann über die drei Zehen schieben, vorsichtig bis über die vierte Zehe ziehen und diese mit einem Stöckchen herausziehen. Der Ring enthält alle notwendigen Angaben und ist der Ausweis des Wellensittichs.

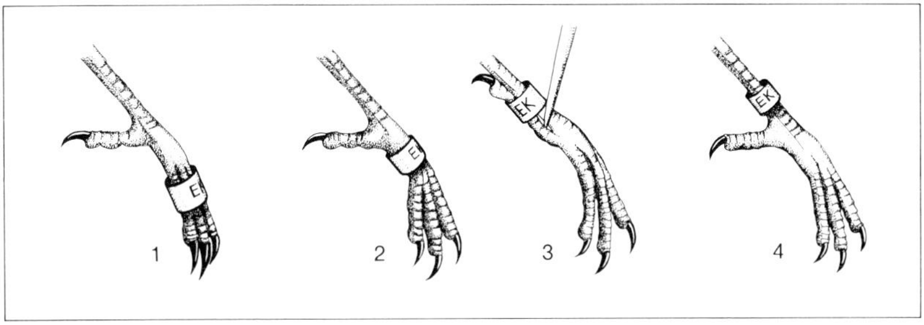

In den ersten Tagen nach dem Beringen muß man diese also etwas genauer beobachten, um Schäden an den Jungtieren zu verhindern. Notfalls färbt man den Ring mit einem geeigneten Mittel etwas ein.

Die Ringnummer ist sofort auf der Kennkarte der Heckbox und im Zuchtbuch zu vermerken, damit es nicht zu Verwechslungen kommt, wenn man mal gezwungen ist, ein Junges einem anderen Weibchen unterzulegen.

Während der Brut ist täglich mindestens eine Nistkastenkontrolle durchzuführen. Dabei müssen die Jungvögel auf einen gut gefüllten Kropf hin untersucht werden. Dieser befindet sich am unteren Hals, kurz vor Beginn des Körpers. Junge Weibchen sind manchmal noch unzuverlässige Mütter, gelegentlich produzieren sie auch noch nicht genügend Vormagenmilch. Findet man bei ihnen unterernährte Junge, kann man sie einem anderen Weibchen unterlegen, das ordentlich füttert, aber wenig Nachzucht hat. Dafür kann man dem jungen Weibchen aber ein älteres Junges geben, das nicht mehr so empfindlich ist und leichter ernährt werden kann.

Eine Handaufzucht bei elternlosen Jungen oder schlecht fütternden Eltern hat nur bei einem Alter der Jungvögel von mehr als zwei Wochen Sinn. Handaufgezogene Vögel sind für die Zucht unbrauchbar, werden aber äußerst zahm und auch von vielen Züchtern als zahme Heimvögel gehalten. Verunglückt oder stirbt nur das Weibchen, so kann man bei etwas älteren Jungen die Aufzucht alleine dem Männchen überlassen. Allerdings sind die Jungen dann besonders gut auf ihren Ernährungszustand zu prüfen.

Mit einem Alter von gut vier Wochen, bei einem vertikalen Nistkasten etwas später, fliegen die Jungen aus. In den ersten Tagen kehren sie noch gelegentlich in den Kasten zurück, nach einigen Tagen bleiben sie jedoch außerhalb. Eine erstaunliche Tatsache ist, daß die zuletzt geschlüpften Jungen durch die bevorzugte Fütterung so gut wachsen, daß sie den Vorsprung der früher geschlüpften Geschwister beinahe aufholen und fast gleichzeitig ausfliegen. In den ersten zwei Wochen, manchmal auch länger, werden sie noch vom Vater, gelegentlich auch von fremden Männchen, die dem Betteln

Aufforderung zur Balz: Das Männchen klopft mit seinem Schnabel auf den Schnabel des Weibchens.

nicht widerstehen können, gefüttert. Zuerst sitzen sie am Boden, dann lernen sie jedoch immer besser, auf den normalen Sitzgelegenheiten Platz zu nehmen. Jungvögel genießen so etwas wie Narrenfreiheit in einer Voliere, sie werden noch nicht wie Altvögel behandelt und fast nie von Sitzplätzen vertrieben oder gar gebissen.

In einem Alter von knapp sechs Wochen haben die Jungvögel gelernt, selbständig Futter aufzunehmen. Dann können sie ohne größere Probleme abgesetzt und in einem speziellen Käfig oder einer Voliere zusammengesetzt werden. Die für Ausstellungen oder die eigene Zucht vorgesehenen Tiere werden separat gesetzt, die anderen Tiere an den Zoohandel oder an interessierte Züchter weitergegeben.

Sofort nach dem Ausfliegen der Jungvögel müssen die Nistkästen gereinigt werden, die vom Kot der Jungvögel beschmutzt wurden. Nur wenige Tage später beginnen nämlich die meisten Weibchen schon wieder mit der Eiablage und einer neuen Brut. Auch Kotreste, die sich möglicherweise im Käfig angesammelt haben, sind in dieser Zeit zu entfernen.

Probleme bei der Brut

Über einige der bei der Verpaarung und Brut auftretenden Probleme wurde bereits berichtet. Leider ist nämlich der Brutverlauf nicht immer so problemlos wie geschildert. Besonders Schauwellensittiche bestimmter Farbschläge können sehr schwierig zu züchten sein.

Die besten Ausstellungsvögel sind noch längst nicht die besten Zuchtvögel. Man sollte durchaus Kompromisse eingehen, oft erhält man gerade aus den nicht so perfekten, aber sich gegenseitig ergänzenden Elterntieren sehr gute Jungvögel.

Bei Volierenzuchten kommt es immer wieder vor, daß sich zwei Weibchen einen Nistkasten und das Männchen teilen. Dann wird es aber im Kasten sehr eng, meist zum Nachteil der Eier und Jungen. Ein Ausweg ist hier nur die Käfigzucht.

Ist die Luftfeuchtigkeit in den Zuchträumen und Volieren zu klein, kann es Schwierigkeiten beim Schlupf geben. Nötigenfalls sind zusätzliche Wassergefäße aufzustellen, damit eine Mindestluftfeuchtigkeit von 60 % erreicht wird.

Piepgeräusche aus dem Ei hört man meist schon einen Tag vor dem Schlupf. Manche Junge sind aber nicht in der Lage, mit ihrem Eizahn die Schale vollständig zu durchbrechen. Hat man im Ei die erste Beschädigung entdeckt und schlüpft das Junge nicht innerhalb der nächsten Stunden, kann man vorsichtig nachhelfen. Keinesfalls darf die Schlupfhilfe jedoch zu früh einsetzen, hier kann man mehr Schaden anrichten als Gutes. Ist ein Jungtier für die ersten Schlupfbemühungen zu schwach, ist es auch sonst kaum lebensfähig.

Bei der Volierenzucht weiß man oft nicht, wie das Brutgeschäft gestoppt werden soll. Einige Weibchen fangen nämlich schon mit der dritten Brut an, während bei anderen die zweite noch nicht abgeschlossen ist. Hier kann man sich behelfen, indem man die Weib-

chen, die zwei Bruten hinter sich haben, separat setzt und die weitere Aufzucht den Männchen überläßt.

In seltenen Fällen gibt es in Volieren regelrecht mordlustige Weibchen, die den brütenden Weibchen und den Jungen im Nistkasten mit einem gezielten Schnabelhieb die Schädeldecke durchschlagen. Natürlich sind diese sofort zu entfernen.

In der Heckbox kommt es gelegentlich vor, daß das Pärchen schon wieder so mit der nächsten Brut beschäftigt ist, daß die gerade ausgeflogenen Jungen nicht mehr gefüttert und sogar gebissen werden. Dann muß man die Jungen einem anderen Pärchen mit gleichaltrigen Jungen oder einem erfahrenen Männchen für die nächsten zwei Wochen zugeben.

Gelegentlich stirbt ein junger Wellensittich ohne erkennbaren Grund im Nistkasten. Er ist dann so schnell wie möglich zu entfernen, denn die Verwesung läuft sehr rasch ab, es kommt zu einer nicht unerheblichen Geruchsentwicklung und man gefährdet auch die anderen Jungen.

Stirbt das Weibchen auf den Jungen, so findet man bei der Nistkastenkontrolle die Jungen oft scheinbar tot. Möglicherweise sind sie aber nur verklammt, also unterkühlt und deswegen bewegungsunfähig. Wenn sie bei vorsichtigem Anwärmen mit der Hand Lebenszeichen von sich geben, können sie anderen hudernden Weibchen untergelegt werden.

Immer wieder kommt es vor, daß brütende Weibchen die Jungen, manchmal sogar sich selbst und das Männchen dazu, regelrecht rupfen. Möglicherweise sind sie beim Putzen der Jungen zufällig darauf gekommen, daß die schon blutgefüllten Federkiele gut schmecken, die genaue Ursache ist aber noch unbekannt. Wenn die Jungen soweit sind, daß sie normalerweise ausfliegen, entfernt man das Weibchen und überläßt die weitere Aufzucht dem Männchen. Rupfende Weibchen sind für weitere Zuchtversuche leider meist unbrauchbar.

Stirbt während der Zucht einer der beiden Partner, so ist der überlebende meist noch in der Lage, die Jungen aufzuziehen, jedoch nicht mehr als vier. Die überzähligen sind zu verteilen.

Liegen die Jungen auf feuchtem Untergrund oder sind Beine und Schnabel vom Futter oder Kot verklebt, kann man eine vorsichtige Reinigung vornehmen und etwas Sägemehl, das täglich erneuert wird, in den Nistkasten geben.

Die Zucht, vor allem von Schauwellensittichen, ist nicht ganz so einfach, wie es sich viele Anfänger vielleicht vorstellen. Deswegen sollten Züchter erst einmal einige Vögel für den Zoohandel züchten, bevor sie sich an die schwierigere Schauwellensittichzucht wagen. Vielleicht gelingt es dem Anfänger auch, von einem Züchter ein schon erfahrenes, geschlossen beringtes Paar im Alter von zwei bis drei Jahren zu erwerben. Hier sollte man ruhig zugreifen.

Die Farbschläge des Wellensittichs

Nicht nur die Spezialisten der Schauwellensittichzucht, sondern jeder Züchter von Wellensittichen muß sich mit den wichtigsten Farbschlägen der Wellensittiche und den Grundlagen ihrer Vererbung vertraut machen, sonst wird er im Endeffekt nur noch wildfarbene (normal hellgrüne) Wellensittiche in seinem Bestand haben.

Grundlagen der Vererbung

Seit Gregor Mendel im letzten Jahrhundert seine berühmten Vererbungsversuche mit Erbsen durchführte und dabei die wichtigsten Vererbungsgesetze (die Mendelschen Regeln) entdeckte, verfügen die Züchter über Voraussetzungen, mit denen sie einen Zuchtplan aufbauen können.

Damit eine Farbenzucht überhaupt möglich ist, muß es Mutationen geben, bei denen sich Gene sprunghaft ändern. Diese Mutationen müssen nicht immer zu einem anderen Erscheinungsbild führen, sie können unmerklich verlaufen oder sich im Verhalten, etwa bei der Zucht, auswirken. Nicht alle Veränderungen des Äußeren etwa sind auch wirklich Mutationen, es gibt auch Kombinationen.

Aus dem Schulunterricht weiß man vielleicht noch, daß sich einige Farben aus anderen durch Mischung herstellen lassen. So ergibt Blau mit Gelb gemischt Grün. Wenn also beim Wellensittich durch eine Mutation der gelbe Farbanteil nicht zur Ausbildung kommt, dann erhält man einen blauen Wellensittich. Wie bereits beschrieben, kommen auch in der Natur gelegentlich blaue, blassere und albinotische Tiere vor.

Die ersten Mutationen traten in den Wellensittichzuchten in Gefangenschaft schon bald auf. Um mit ihnen sinnvoll weiterzüchten zu können, muß man jedoch etwas mehr wissen.

Kreuzt man einen grünen Wellensittich mit einem blauen, so erhält man in der ersten Nachfolgegeneration (F_1) keineswegs genau 50 % grüne und 50 % blaue Vögel, sondern nur grüne. Grün ist nämlich dominant (zu deutsch: vorherrschend) gegenüber Blau, dieses rezessiv (zu deutsch: zurücktretend) zu Grün. Das bedeutet, daß bei der Kombination der beiden Farbanlagen nur die dominante Farbe zur Ausbildung kommt. Die rezessive Anlage bleibt in den Erbanlagen erhalten, kommt aber nicht zur Ausbildung. Man spricht dann von einer Spalterbigkeit der Nachfolgegeneration.

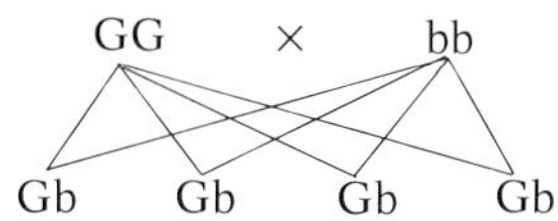

G: dominante Grünfärbung;
b: rezessive Blaufärbung

Kreuzt man die in Blau spalterbigen Wellensittiche nun wieder untereinander, so erhält man in der zweiten Nachfolgegeneration (F_2) wieder blaue Wellensittiche, aber nur zu einem bestimmten Prozentsatz.

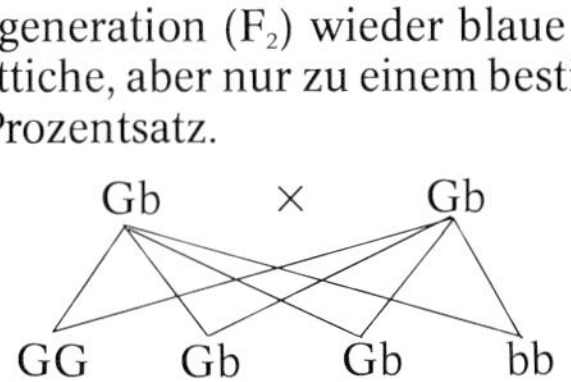

25 % der Nachkommen sind also reinerbig in Grün, 25 % in Blau und 50 % sind spalterbig in Blau. Diejenigen Wellensittiche, die spalterbig in Blau sind, kann man phänotypisch, also vom äußeren Erscheinungsbild her, nicht von den Grünen unterscheiden. Das deutet schon darauf hin, daß z. B. der Kauf spalterbiger Tiere Vertrauenssache ist und man sich als Käufer die Spalterbigkeit schriftlich garantieren lassen sollte. Grundsätzlich sollte man mit spalterbigen Tieren aber nur züchten, wenn es sich nicht vermeiden läßt, weil die Spalterbigkeit ja meist erst nach mehreren Zuchtversuchen tatsächlich festzustellen ist. Rezessiv vererbende Farbschläge können natürlich nicht spalterbig sein, da bei ihnen kein Merkmal verdeckt wird.

Hat man ein spalterbiges Zuchttier, so kann man die Quote der Nachzuchten mit Kombinationen der rezessiven Anlagen dadurch erhöhen, daß man mit einem Vogel kreuzt, der nur die rezessiven Anlagen besitzt, also etwa einen spalterbigen Wellensittich in Blau mit einem blauen Partner.

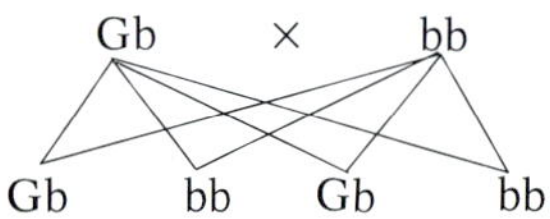

In diesem Fall erhält man 50 % blaue und 50 % grüne Wellensittiche, letztere sind aber alle spalterbig in blau. So einfach läßt sich die Vererbung bei Wellensittichen aber leider nicht in jedem Fall erklären, es gibt ja auch mehr als nur zwei verschiedene Farben.

Ein Sonderfall der Vererbung ist die geschlechtsgebundene Vererbung.

Verschiedene Farbschläge. Die beiden linken Vögel sowie der rechte auf der oberen Stange gehören zur Grünreihe, alle anderen zur Blaureihe.

Hierbei werden Eigenschaften oder Farben zwar vielleicht von beiden Geschlechtern vererbt, kommen aber nur bei einem der Partner und zwar immer nur bei einem bestimmten und ständig gleichen Geschlecht zum Tragen. Ein bekanntes Beispiel für eine geschlechtsgebundene Vererbung findet sich beim Menschen. Die Bluterkrankheit kann nämlich sowohl von Mann wie Frau übertragen werden. Erkranken können daran jedoch nur Männer.

Die geschlechtsgebundene Vererbung hängt mit den Geschlechtschromosomen zusammen. Diese werden nach ihrer Form als X- und Y-Chromosomen bezeichnet. Jeder Vogel hat, wie auch der Mensch, einen doppelten Chromosomensatz. Dabei kommt die Kombination XX nur beim Männchen und XY nur beim Weibchen vor. Bei der Vererbung, also etwa bei der Befruchtung der Eizelle, wird je ein einfacher Chromosomensatz der Elterntiere zu einem neuen doppelten Chromosomensatz verschmolzen.

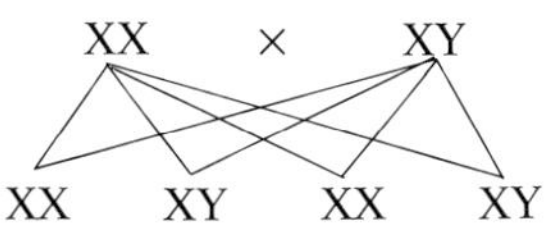

Statistisch gesehen, entstehen also immer gleichviel Männchen wie Weibchen. Hat nun das Männchen eine rezessiv vererbende Farbe, die mit den Geschlechtschromosomen vererbt wird, so kann sie auch nur wieder bei Nachzucht-Männchen zum Tragen kommen.

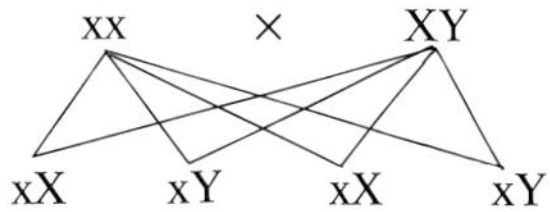

50 % der Nachkommen, die Männchen nämlich, sind jetzt spalterbig in der Farbe des Vaters, 50 %, die Weibchen nämlich, zeigen die Farbe des Vaters. Kreuzt man nun die spalterbigen Männchen mit einem der entstandenen Weibchen, so erhält man je 25 % der Männchen und Weibchen reinerbig in der Farbe des Stammvaters, 25 % spalterbig in die Stammfarbe und 25 % reinerbig, diese sehen aber gleich aus wie die Spalterbigen. Zur Übung sollte man sich dieses Vererbungsschema einmal aufzeichnen.

xX × xY

. . . .

Diesem Vererbungsgang folgen z. B. die Lutinos (s. dort). Am einfachsten wäre es natürlich, könnte man ausschließlich Lutino mit Lutino kreuzen. Dann erhält man auch wieder zu 100 % Lutinos.

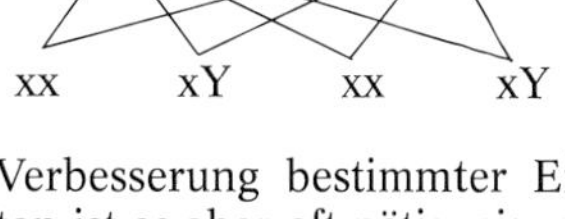

Zur Verbesserung bestimmter Eigenschaften ist es aber oft nötig, einen anderen Farbschlag einzukreuzen, wenn die Eigenschaft etwa bei keinem der gehaltenen Lutinos vorhanden ist und auch kein geeignetes Tier hinzuerworben werden kann. Bei der Planung der Vererbung am Schreibtisch, die einer guten Kreuzungszucht immer vorausgeht, sollte man allerdings versuchen, Zuchtgänge zu wählen, bei denen möglichst selten gleichzeitig spalt- und reinerbige Vögel in gleicher dominanter Farbe auftreten, da man diese ja äußerlich nicht unterscheiden kann (s. oben).

Im folgenden sollen nun die für den Züchter wichtigsten Farbschläge des Wellensittichs beschrieben werden. Wer sich genauer mit Vererbungsfragen beschäftigen will, sei auf eines der umfangreicheren Bücher verwiesen, die im Literaturverzeichnis angeführt sind. Im AZ-Standard Wellensittiche schließlich werden alle anerkannten Farbschläge aufgeführt und beschrieben. Auch in den Zeitschriften im Anhang, die über Wellensittichzucht berichten, finden sich immer wieder Artikel über die Vererbungsgänge bestimmter Farbschläge.

Etwas Grundsätzliches über Farben

Wellensittiche haben eigentlich nur drei Farben, durch deren Kombination oder Veränderung die verschiedenen Farbschläge entstanden sind. Ausgehend vom Naturvogel ist dies zuerst ein gelber Fettfarbstoff im inneren Zellrand der Federn, auch Psittacin genannt. In den Zellkernen der Federn befindet sich dagegen ein dunkler Farbstoff, der für die unterschiedlich helle Färbung der Wellensittiche verantwortlich ist. Befinden sich diese Melanine auch auf den äußeren Zellrändern, entsteht die bekannte Wellenzeichnung.

Die blaue Federfarbe wird nicht durch einen Farbstoff, sondern nur durch einen optischen Effekt hervorgerufen. Fehlt nämlich der gelbe Fettfarbstoff, so entsteht dadurch ein freier Raum, in dem sich das Licht so bricht, daß die Federn blau aussehen.

Grundsätzlich kann man alle Farbschläge in Mutationen der Grün- und Blaureihe einteilen. Dazu kommt dann noch der Dunkelfaktor. Ist der gelbe Fettfarbstoff vorhanden, gehört der Vogel zur Grünreihe, fehlt er, so ist er zur Blaureihe zu rechnen.

Die Farbschläge

Normalvögel

Bei den Normalvögeln ist die Wellenzeichnung an Kopf, Wangen, Hals, Rücken und auf den Flügeln so erhalten, wie man es vom Wildvogel kennt. Die Kehltupfen sind groß. Die Wellenzeichnung ist bei allen Normalen ebenso wie die Kehltupfen schwarz.

Der in der Natur vorkommende Wellensittich wird als Normal Hellgrün bezeichnet. Durch Kombination mit dem Dunkelfaktor entwickeln sich daraus dunklere Vögel, nämlich die Dunkelgrünen und die Olivgrünen, letztere mit doppeltem Dunkelfaktor.

Bei allen Normalvögeln der Grünreihe ist die gelbe Farbe wie beim Wildvogel vorhanden. Der Standard bezeichnet diese Farbe als butterblumengelb.

Oben links:
1,0 Hellgrün
Unten links:
1,0 Grau

Oben rechts:
0,1 Hellblau
Unten rechts:
1,0 Gelb

Entfällt die gelbe Farbe durch eine Mutation, entsteht aus dem normal hellgrünen Wildvogel der Normal Hellblaue. Tritt auch hier der Dunkelfaktor hinzu, entstehen daraus die Dunkelblauen sowie Mauve (auch diese mit doppeltem Dunkelfaktor). Ähnlich sind die Violetten, die es auch in den Farbschlägen Dunkelviolett und Mauveviolett gibt.

Zur grünen oder blauen Grundfarbe kann auch der Graufaktor treten. So entstanden die Normal Graugrünen und Normal Grauen. Bei beiden sind die Kehltupfen grau, beim Graugrünen auch graublau, während sie sonst bei den Normalen violett sind. Die Gefiederfarbe des Graugrünen ähnelt der Farbe von dunklen Senfkörnern, während beim Grauen die Blautöne vollständig durch ein mittleres Grau ersetzt wurden. Bei beiden sind auch die Schwanzfedern grau statt schwarz.

Damit wären die Farben, die unter den Normalen im Standard behandelt werden, schon abgeschlossen, gäbe es nicht noch eine besondere Mutation, die Gelbgesichter. Dabei ist die gelbe Farbe nicht vollständig ausgefallen, sondern beim Typ I auf der Maske, also auf Kopf, Hals sowie auf dem Nacken, noch vorhanden. Auch sind die Schwanzfedern gelb gesäumt. Beim Typ II ist zusätzlich der ganze Körper etwas gelb überhaucht. Typ II ist weniger beliebt und wird meist schlechter bewertet. Gelbgesichter gibt es bei allen Wellensittichen der Blaureihe und in Grau.

Grauflügel Normal

Bei den Grauflügeln ist die sonst schwarze Körperzeichnung durch Verdünnung der Melanine nur noch grau und soll um die Hälfte schwächer sein als bei den Normalvögeln. Graue Wellensittiche, bei denen die Gefiederfärbung nicht verdünnt ist, werden nicht zur Bewertung zugelassen, denn sie sind nur sehr schwer, außer man kann den Vererbungsgang belegen, von den Hellflügeln (s. dort) zu unterscheiden. Bei den Grauflügeln sind die Farben der Grün- und Blaureihe sowie die Gelbgesichter zugelassen.

Normal Gelbe und Weiße

Bei den Normalvögeln wurden die Farben durch Mutationen nicht nur durch einen Dunkelfaktor zu dunkleren Farbtönen hin verändert, sondern die Farben hellten auch auf. Endergebnis der Aufhellung ist schließlich zum einen der Normal Gelbe. Bei diesem fehlen alle Blauanteile, die beim Normal Grünen die grüne Gesamtfärbung ausmachen. Deswegen sind sie am ganzen Körper gelb. Die Wellenzeichnung und die Kehltupfen sind nur graugelb. Bei den Gelb Grünen sind die Wangenflekken blaßblau, bei den Gelb Graugrünen blaßgrau. Andere Farbkombinationen der Grünreihe gibt es nicht.

Die Aufhellung bei der Blaureihe führt zum Normal Weißen. Bei ihm ist die Wellenzeichnung grauweiß. Während beim Normal Gelben der ganze Körper eine gelbe Grundfärbung hat, ist beim Normal Weißen nur die Maske wirklich weiß, der Rest des Körpers ist grauweiß. Während die bisher beschriebenen Farbschläge schwarze Augen mit weißem Irisring haben, sind sie beim Normal Weißen dunkelbraun mit weißer Iris. Auch bei diesen Vögeln gibt es zwei wenig unterschiedliche Farbschläge, den Weiß Blauen mit blaßblauen und den Weiß Grauen mit blaßgrauen Wangenflecken. Die Gelbgesichter sind auch hier wieder zugelassen, jedoch nur die, die wenig Gelb auf der Maske (Typ I) oder zusätzlich als Anflug auf dem Körper zeigen (Typ II).

Inos

Fällt durch eine Mutation bei Wellensittichen der gesamte Dunkelfarbstoff aus, entstehen die Ino-Vögel. Bei der Grünreihe ist dies der Lutino (hier blieb der gelbe Fettfarbstoff vorhanden), bei der Blaureihe der Albino. Alle Inos haben rote Augen mit weißlichem Irisring. Während bei den bisher behandelten Farbschlägen die Nasenhaut erwachsener Männchen kräftig blau war, ist sie bei den Inos rosa. Bei den Weibchen ist die Nasenwachshaut bei allen Farbschlägen braun. Die Beine und Füße der Inos sind hell fleischfarben.

Der Lutino ist fast am ganzen Körper butterblumengelb. Nur die Wangenflecke, die langen Schwanz- und die Schwungfedern sind reinweiß. Albinos sind dagegen am ganzen Körper weiß. Nur bei den Gelbgesichtern ist auf der Maske (Typ I) oder auf Maske und Körper (Typ II) ein leicht gelber Anflug zu erkennen. Die Wellenzeichnung ist nicht mehr zu sehen.

Hellflügel Normal

Bei dieser Mutation ist die Wellenzeichnung durch fast vollständigen Wegfall der Melanine zu einem hellen Grau reduziert und soll nur noch an der unterschiedlichen Schattierung zu erkennen sein. Die Grundfarben sind dieselben wie bei den Farbschlägen der Normalvögel einschließlich der Gelbgesichter. Auf Schwung- und langen Schwanzfedern sind jedoch bei den Vögeln die Blautöne weggefallen. Das führt bei der Grünreihe zu gelben, bei der Blaureihe zu weißen bzw. blaßgrauen Federn in diesem Bereich. Die Wangenflecke sind violett, bei den Grauen und Graugrünen Hellflügeln grau.

Zimt Normal

Bei allen Zimtern sind die schwarzen Pigmentstoffe (Melanine) durch braune (Eumelanine) ersetzt. Betroffen ist die vormals schwarze Wellenzeichnung, aber auch die Kehltupfen und Augen sind verändert. Nur Nasenhaut und Wangenflecke entsprechen genau der Färbung der Normalvögel. Auch hier sind wieder dieselben Farbschläge wie bei den Normalen möglich, allerdings sollen alle braun überhaucht sein. Die Schwungfedern sind braun, die Säume gelb (Grünreihe) oder weiß (Blaureihe). Zimter sind ebenfalls in Kombination mit anderen Mutationen möglich, von den bisher beschriebenen auch bei den Normal Gelben und Weißen.

Normal Opalin

Bei dieser Mutation ist die Wellenzeichnung durch teilweisen Ausfall der Melanine auf dem Gefieder beeinflußt. Auf Kopf, Hals und Rücken ist sie unklarer, und sollte auf dem Rücken bei guten Vögeln sogar fehlen. Die restliche Wellenzeichnung ist breiter ange-

Oben links:
1,0 Lutino
Unten links:
0,1 Opalin Grau

Oben rechts:
1,0 Hellflügel
Hellblau
Unten rechts:
0,1 Zimt Hellgrün

Oben links:
0,1 Zimt Opalin Graugrün
Unten links:
1,0 Australischer Schecke Dunkelblau

Oben rechts:
1,0 Lacewing Weiß
Unten rechts:
1,0 Rezessiver Schecke Graugrün

legt und nicht mehr so kleinräumig gegliedert wie bei der ursprünglichen Form, darf aber deswegen nicht unregelmäßig werden. Die Federn auf dem Rücken und den Flügeln haben bei den Opalinen Säume in der Grundfarbe des Vogels, die Schwungfedern einen breiteren Rand in dieser Farbe (grün oder blau bzw. grau). Auch hier kommen wieder alle Farbschläge der Normalvögel in Frage, zusätzlich kann Opalin auch in Kombination mit anderen Mutationen auftreten, von den bisher beschriebenen zusammen mit Graufügeln, Normal Gelben und Weißen sowie Hellflügeln. Eine besondere Kombination ist die der Opalinen mit Zimtern. Dieser wurde im AZ-Standard eine eigene Schauklasse eingeräumt.

Zimt Opalin

Bei der Kombination von Zimtern mit Opalinen ist die aufgelockerte Wellenzeichnung nicht schwarz, sondern aufgrund des Ersatzes durch Eumelanine braun, ebenso wie die Augen (außer der Iris). Auch die Grundfarbe hat ausgehend von den Farbschlägen der Normalvögel einen braunen Anflug, ist also z. B. zimthellgrün. Die Schwungfedern sind wie bei den Zimtern braun, die Säume sind wie bei den Opalinen in der Grundfarbe des Wellensittichs.

Normal Gelbe und Weiße sind auch in Zimt Opalin zugelassen.

Lacewing Normal

Aus der Kombination von Zimtern und Inos entstanden die Lacewings. Diese zeigen die Grundfärbung des Lutinos oder Albinos, darüber liegt aber stark verdünnt die braune Zeichnung der Zimter. Natürlich sind auch wieder Gelbgesichter bei den Lacewing Weiß möglich. Die langen Schwanz- und die Schwungfedern sind braun überhaucht. Lacewings werden auch in Opalin gezüchtet.

Rezessive Schecken

Man unterscheidet drei Arten von Schecken, die im Aussehen und in der Vererbung verschieden sind. Eine davon stellen die rezessiven Schecken, auch Dänische Schecken oder Harlekins genannt. Der Erbgang dieser Schecken ist, wie der Name sagt, rezessiv.

Die Wellenzeichnung der rezessiven Schecken weist deutliche Lücken durch teilweisen Totalausfall des Melanins auf, Schwung- und Schwanzfedern sind fast ohne Zeichnung, ebenso der Nacken. Vögel der Grünreihe sind überwiegend gelb, Vögel der Blaureihe weiß, dies gilt auch für die Schwung- und Schwanzfedern. Die eigentliche Farbe – in Frage kommen wieder alle Farbschläge der Normalvögel – befindet sich nur auf dem Bauch und Rükken, bei den Weibchen allerdings auch schon einmal bereits auf der Brust. Diese Dunkelfarbe soll scharf gegen die gelbe oder weiße Grundfarbe abgegrenzt sein.

Die Kehltupfen sollen weiß durchsetzt sein, sonst haben sie die gleiche Farbe wie die der Normalvögel. Das Männchen hat bei den rezessiven Schecken eine rosafarbene Nasenwachshaut. Die Augen zeigen keinen Irisring.

Rezessive Schecken gibt es auch in Zimt, Opalin und Zimt Opalin.

Australische Schecken Normal
Der Australische Schecke, der sich dominant vererbt, zeigt zwar auch gelbe bzw. weiße Schwung- und Schwanzfedern, aber bis auf einen kleinen Nakkenfleck ist die Wellenzeichnung sonst erhalten. Auf der Körperunterseite zieht sich ein helles Band von Flügelkante zu Flügelkante. Deshalb werden sie auch gelegentlich Bandschecken genannt. Die Wangenflecke sind violett (bzw. grau bei den Grauen und Graugrünen) und weiß durchsetzt, es kommen auch Exemplare mit einem violetten und einem weißen Wangenfleck vor. Die Nasenhaut des Männchens ist blau oder blau und rosa gescheckt. Der weiße Irisring ist vorhanden. Beim Australischen Schecken soll die Scheckkung möglichst symmetrisch sein, das Körperband spielt eine etwas weniger wichtige Rolle. Wie bei den rezessiven Schecken können einige Kehltupfen fehlen, Wellensittiche, bei denen alle Kehltupfen gut ausgeprägt sind, werden aber meist höher bewertet.

Neben den Farbschlägen der Normalvögel sind auch hier Schecken in Opalin, Zimt und Zimt Opalin zugelassen.

Dominante Kontinentale Schecken
Der letzte der drei Schecken ist der Dominante Kontinentale Schecke, auch Holländischer Schecke genannt. Wie in seinem Namen schon vermerkt, vererbt er seine Scheckung ebenso dominant wie der Australische Schecke. Diesem ähnelt er auch etwas, so fehlt ihm ebenfalls die Wellenzeichnung im Nacken. Auch die Schwung- und langen Schwanzfedern sind entweder gelb oder weiß, aber dunkel eingefaßt. Die Nasenwachshaut der Männchen ist stets blau, die Beine können jedoch wie beim Australischen Schecken auch blaugrau oder gescheckt sein.

Dominante Kontinentale Schecken sind im Standard in den Farben der Grün- und Blaureihe sowie Graugrün und Grau vertreten. Hinzu kommen allerdings noch die blauen und grauen Gelbgesichter. Auch die Dominanten Kontinentalen Schecken sind in Opalin, Zimt und Zimt Opalin zugelassen.

Spangle Normal
Bei dieser Mutation ist die schwarze Wellenzeichnung fast vollständig durch Melanin- und Psittacin-Verdünnung zu gelb bzw. weiß aufgehellt, diese Federn sind jedoch bei den Normalvögeln alle schwarz umrandet und mit einem kleinen weißen bzw. gelben Saum versehen. Diese Mutation trat von den bisher anerkannten Mutationen zuletzt auf. Spangle sind außer in den Farbschlägen der Normalvögel auch in Zimt und Opalin, aber nicht in Zimt Opalin zugelassen. Allerdings dürfen die Spangle in Opalin gegenüber den anderen Opalinen etwas aufgehellt sein.

Falben
Bei den Falben ist das Eumelanin durch eine Mutation weggefallen, aber durch das rötlichbraune Phäomelanin ersetzt. Gleichzeitig ist auch das Psittacin stark verdünnt. Dadurch entsteht ein sehr blasser Farbeindruck. Auf dem weißen oder gelben Grund sind die grünen und blauen sowie die graugrüne bzw. graue Farbe nur andeutungsweise

Oben links:
1,0 Dominanter Kontinentaler Schecke Gelbgesicht Dunkelblau
Unten links:
0,1 Falbe Blau

Oben rechts:
1,0 Spangle Dunkelblau
Unten rechts:
1,0 Gelbes Schwarzauge

1,0 Rundhaubenwellensittich, Australischer Schecke Dunkelblau, eine sehr seltene Kombination.

vorhanden, der Standard spricht davon, daß das Gefieder z.B. grün überhaucht ist. Die Wellenzeichnung ist in jedem Fall rötlichbraun, deswegen gibt es von diesem Farbschlag auch keine Zimter bzw. sind diese nicht als Ausstellungsvögel zugelassen, wohl jedoch Opaline. Bei allen Vögeln fehlt der Irisring, die Nasenwachshaut des Männchens ist rosa.

Gelbe und weiße Schwarzaugen
Obwohl dieser Farbschlag sehr stark den Ino-Vögeln ähnelt, ist er keine eigene Mutation, sondern eine Kombination aus Dominanten Kontinentalen Schecken und Rezessiven Schecken. Von den Inos sind sie bei näherem Hinsehen am schwarzen Auge ohne Irisring zu unterscheiden. Weiße Schwarzaugen ähneln sonst vollständig den Albinos, bei Gelben Schwarzaugen sind die Wangenflecke zwar weiß, im Gegensatz zum Lutino die Schwung- und langen Schwanzfedern jedoch gelb.

Haubenwellensittiche

Neben den Farbmutationen kann man auch noch einige Gefiedermutationen unterscheiden. Dazu zählen auch die Haubenwellensittiche, die in allen aufgeführten Farbschlägen möglich sind. Man unterscheidet drei Arten von Hauben, die Rund-, Halbrund- und Spitzhaube.

Bei der Rundhaube liegen auf dem Kopf zwei Wirbel, die kreisförmig von der Mitte ausgehend eine runde Haube bilden, ähnlich einer Mönchstonsur. Diese Haubenform ähnelt der der Corona-Kanarienvögel. Die Augen sollen frei sein.

Bei der Halbrundhaube ist nur der vordere Wirbel ausgebildet, so daß nur eine halbe »Tonsur« erscheint.

Beim Spitzhaubenwellensittich sind die mittleren Federn auf dem Kopf bis zu 2 cm aufgestellt, so daß bei sehr guten Spitzhauben eine der Nymphensittichhaube ähnliche Haubenform entsteht. Oft stehen jedoch nur sehr wenige Federn hoch, manchmal nur eine einzige.

Die Zucht der Haubenwellensittiche ist, ähnlich wie bei den Kanarienvögeln mit Haube, nicht ganz einfach, denn bei ihnen ist der Letalfaktor recht groß. Dies bedeutet, daß ein Teil, bei den Haubenwellensittichen bis 50%, der

Federputzer oder Federduster. Dieser Jungvogel hat keine hohe Lebenserwartung.

Jungen bereits im Ei oder beim Schlupf stirbt. Manche werden zwar groß, leiden aber unter Gleichgewichtsstörungen. Will man trotzdem Haubenwellensittiche züchten, so sollte man versuchen, möglichst verschiedene Haubenwellensittiche anzusetzen. Kreuzt man einen Haubenwellensittich mit einem glattköpfigen Wellensittich, so entstehen meist keine Hauben.

Federfüßer

Selten tritt bei Wellensittichen eine Mutation auf, bei der auf den Beinen und Füßen ebenfalls Federn wachsen, wie man es von den federfüßigen Tauben kennt. Leider ist das Entstehen dieser Federfüßer eher dem Zufall überlassen, eine geplante Zucht ist bisher noch kaum gelungen.

Federputzer

Bei einigen Wellensittichen hören die Federn nicht zum normalen Zeitpunkt zu wachsen auf, sondern wachsen bis auf das mehrfache ihrer normalen Länge an. Da sie sich dabei auch drehen und selten gute Farben zeigen, bilden diese Federputzer kein besonders schönes Bild. Dazu kommt, daß sie meist nur wenige Wochen alt werden, in ganz seltenen Fällen sogar ein Jahr. Sie können nicht fliegen, und mit ihnen kann man auch nicht züchten.

Drei seltene Farben: Links ein Männchen in Normal Olivgrün, in der Mitte ein Weibchen in Zimt Opalin Graugrün, rechts ein Männchen in Normal Dunkelblau.

Das Ausstellen von Wellensittichen

Wer Wellensittiche züchtet, wird früher oder später den Wunsch verspüren, die Qualität seiner Nachzuchten im Vergleich mit anderen Züchterkollegen festzustellen. Die verschiedenen Verbände, in denen sich Liebhaber der Wellensittichzucht zusammengeschlossen haben, veranstalten daher eine größere Zahl von Ausstellungen und Schauen, um den Wettstreit der Züchter zu fördern.

Die Schausaison beginnt im späten Sommer, etwa im September, mit den örtlichen Veranstaltungen und endet im späten Herbst oder frühen Winter mit den bundesweiten Schauen. Dazwischen liegen mehrere Bezirks- und Landesschauen. Internationale Wellensittichausstellungen gibt es wegen der Psittacoseverordnung (s. Kapitel über die gesetzlichen Grundlagen der Zucht) so gut wie nicht.

Vor der ersten örtlichen Schau finden oft schon sogen. Tischbewertungen statt. Dabei werden die mitgebrachten Wellensittiche im Beisein der Besitzer, die bei offiziellen Schauen von der Bewertung ausgeschlossen sind, beurteilt. Aus diesen Tischbewertungen können vor allem Anfänger wertvolle Schlüsse für ihre weitere Zuchtarbeit ziehen, denn auf den offiziellen Schauen ist bei der größeren Zahl der zu bewertenden Sittiche kaum noch Gelegenheit zu einer ausführlichen Einzelkritik.

Bei allen offiziellen, aber auch möglichst schon bei den Tischbewertungen, nehmen geprüfte Preisrichter die Bewertungen vor. Um Preisrichter zu werden, muß man zum einen seine züchterischen Erfahrungen unter Beweis gestellt haben, zum anderen vor der Prüfung eine Probezeit unter Aufsicht erfahrener Preisrichter durchmachen. Gute Preisrichter werden, wenn es die Zeit zuläßt, gerade dem Anfänger gerne erläutern, was an ihren Schauvögeln verbesserungswürdig ist. Von anderen Züchtern, die die Zuchten des Anfängers ohne gute Begründung abqualifizieren, sollte man sich nicht beeinflussen lassen.

Die größte deutsche Züchtervereinigung ist der Deutsche Wellensittichzüchter-Verein, der sich in der AZ, einem Zusammenschluß von Vogelzüchtern aller Richtungen, organisiert hat (AZ-DWV). Mitglieder des AZ-DWV können ihre Wellensittiche auf Landes- und Bundesschauen ausstellen, ohne Mitglied im Ortsverein zu sein und deren Schauen beschickt zu haben. Auf den Bundesschauen der AZ werden seit Beginn der 80er Jahre jeweils mehr als 5000 Wellensittiche zur Bewertung eingeliefert.

Beim Deutschen Kanarienzüchter-Bund (DKB), Sparte Wellensittiche, gibt es ähnliche Richtlinien, jedoch muß man dort auch Mitglied im Ortsverein sein. Mitglieder von AZ-DWV und DKB haben ihre Ringe gegenseitig anerkannt und lassen auf ihren Schauen Wellensittiche mit einem dieser beiden Ringe zu.

Bewertet werden Wellensittiche nach einem Standard. Dieser ist international fast einheitlich, in Deutschland wurde ein solcher Standard z.B. von der AZ-DWV ausgearbeitet und ist dort für wenig Geld erhältlich (Adresse im Anhang). Die normalen Hansi-Bubi-Vögel werden nicht anerkannt, sondern nur die größeren Schauwellensit-

Der Deutsche Wellensittichzüchter-Verein (AZ-DWV) hat diesen Fehlerfinder entwickelt, der eine einheitliche Beurteilung der Zuchtvögel erlaubt.

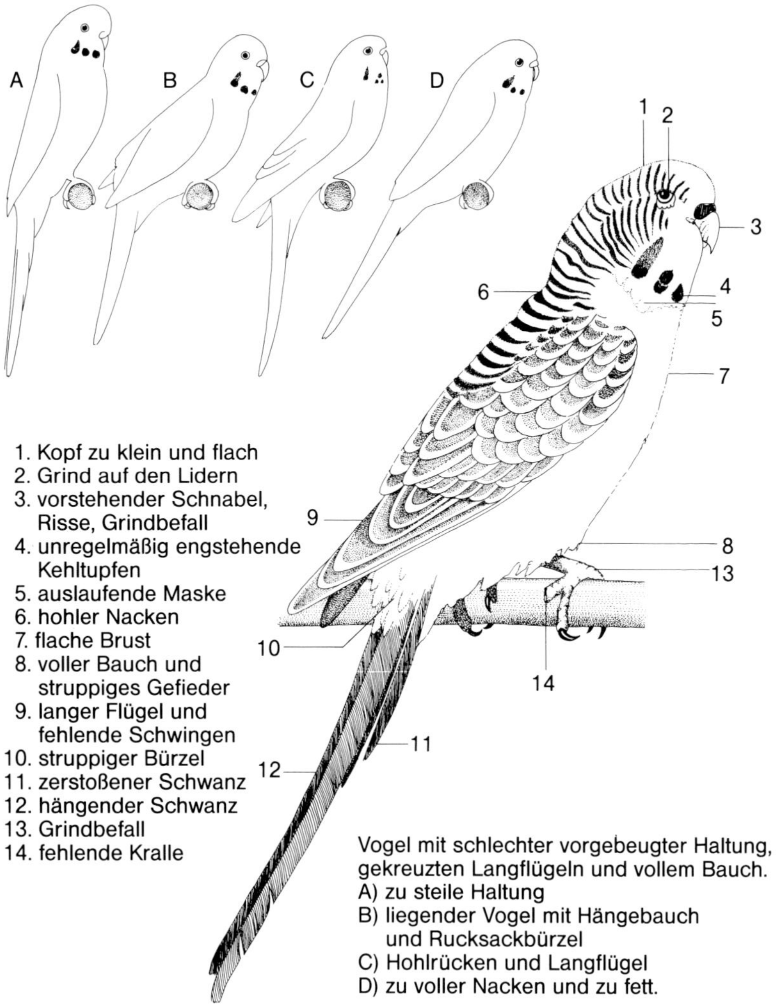

1. Kopf zu klein und flach
2. Grind auf den Lidern
3. vorstehender Schnabel, Risse, Grindbefall
4. unregelmäßig engstehende Kehltupfen
5. auslaufende Maske
6. hohler Nacken
7. flache Brust
8. voller Bauch und struppiges Gefieder
9. langer Flügel und fehlende Schwingen
10. struppiger Bürzel
11. zerstoßener Schwanz
12. hängender Schwanz
13. Grindbefall
14. fehlende Kralle

Vogel mit schlechter vorgebeugter Haltung, gekreuzten Langflügeln und vollem Bauch.
A) zu steile Haltung
B) liegender Vogel mit Hängebauch und Rucksackbürzel
C) Hohlrücken und Langflügel
D) zu voller Nacken und zu fett.

tiche. Für diese ist eine ideale Körperform und Anordnung der Federn vorgeschrieben, die, wenn sie tatsächlich erbracht würde, die Höchstpunktzahl von 100 Punkten ergeben würde. Für jede Abweichung von diesem idealen Schauwellensittich werden Punkte abgezogen, so daß ein Wellensittich, der über 90 Punkte erreicht, schon zusätzlich mit dem Prädikat »Sehr gut« bezeichnet werden kann.

In die Punktwertung geht auch das möglichst gute Erreichen eines bestimmten Farbschlages ein (s. Kapitel »Die Farbschläge des Wellensittich«). Die Punktzusammensetzung ist bei den verschiedenen Farbschlägen etwas unterschiedlich, das Idealziel ist aber in Bezug auf Körperform und Erscheinungsbild immer gleich.

Die Eigenschaften des idealen Schauwellensittichs

Der ideale Schauwellensittich soll von der höchsten Stelle des Kopfes bis zur Schwanzspitze 24,5 cm lang sein. Es soll sich ein Bild ergeben, wie es in der Zeichnung aus dem Standard des DWV (Ausgabe 1986) abgebildet ist. Der Schauwellensittich soll kräftig und gedrungen sein, der Kopf soll groß, der Hals breit sein. Bei einem guten Schauvogel sollen die Augen des Wellensittichs von vorne nicht mehr zu sehen sein, sie werden von den Augenbrauen überschattet. Der Schnabel soll klein sein und möglichst weit eingezogen getragen werden. Vom Hinterkopf bis zum Schwanz soll sich eine fast gerade Linie bilden. Die Maske, so nennt man die Kopf- und Halsfärbung, soll gut gegen die Körperfärbung abgegrenzt sein. Die großen, runden und in gleichem Abstand befindlichen Kehltupfen sollen eine Kette bilden, die äußeren Tupfen dürfen durch die Wangenflecken verdeckt sein.

Mit dem Wildvogel, der nur 18,5 cm lang wird und eher zierlich ist, hat dieser Schauwellensittich kaum noch Übereinstimmungen. Trotzdem sollen auch Schauwellensittiche lebhaft, gesund und vital sein. Deswegen ist Schaukondition auch Bedingung, fehlt sie, erfolgt Ausschluß von der Bewertung.

Zur Schaukondition gehört, daß der Vogel offensichtlich gesund ist und gerade und ruhig auf der Stange sitzt. Das Gefieder muß lückenlos sein, schon das Fehlen einer Großfeder (Schwung- oder Schwanzfeder) oder etwa eines Kehltupfen führt zu einem empfindlichen Punktabzug. Wellensittiche mit diesen meist vorübergehenden Fehlern sollte man nicht zur Bewertung vorstellen.

Mit Hilfe des Fehlerfinders (ebenfalls mit freundlicher Genehmigung des AZ-DWV hier wiedergegeben) kann der Züchter auch selbst seine Wellensittiche auf eventuell vorhandene Fehler hin überprüfen.

Der Schaukäfig

Wellensittiche, die zur Bewertung gelangen sollen, dürfen nur im vorgeschriebenen Schaukäfig präsentiert werden. Damit durch Form oder auch nur Anstrich des Käfigs keine Manipu-

Dies ist der vorgeschriebene Schaukäfig, wie er bei den Wellensittichschauen zum Einsatz kommt. Abweichende Maße sind nicht zulässig.

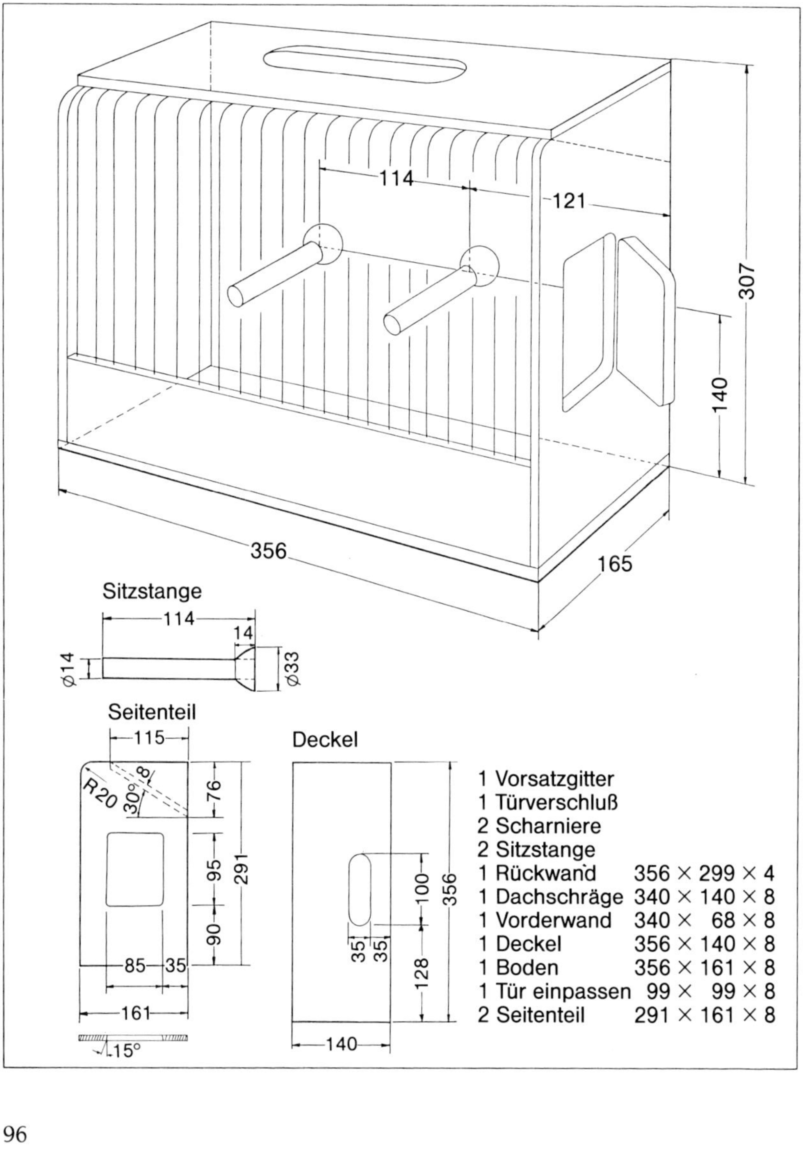

lation möglich ist, müssen sich alle Aussteller dieser Regelung unterwerfen. Diese Käfige kann man selbst bauen, aber auch preiswert von den Züchterverbänden oder im Fachhandel erwerben. Im Käfig soll der Boden mit dem normalen Futter des Wellensittichs bedeckt sein. Ein Wassergefäß kann angebracht sein, muß aber bis zur Bewertung leer bleiben, damit sich der Wellensittich nicht benetzen oder gar verschmutzen kann. (Für mindestens drei Tage können Wellensittiche ohne weiteres auf Wasser verzichten.) Auch die Anzahl und Position der Stangen im Käfig ist vorgeschrieben. Zusätzlich wird außen am Käfig im Bewertungskartenhalter noch die Bewertungskarte angebracht.

Die Bewertung

Die Anmeldung der Wellensittiche muß ganz korrekt erfolgen, Fehler führen zum Ausschluß. Anfänger sollten sich hier von erfahrenen Züchtern beraten lassen. Die Einlieferung zu den Schauen erfolgt heute meist durch den Züchter selbst oder durch einen von ihm Beauftragten am Donnerstag vor der Schau. Am Freitag ist die Bewertung, am Wochenende findet die eigentliche Schau statt. Am späten Sonntagabend kann man dann seine Wellensittiche wieder mitnehmen.

Auf den AZ-Schauen werden die Wellensittiche, meist den Farbschlägen folgend, in 20 Schauklassen eingeteilt. Eine weitere Aufteilung ist durch die Einteilung in die vier verschiedenen Züchterklassen (Anfänger = A; Züchter = Z; Fortgeschrittene = F; Champion = C) gegeben, in die man durch errungene Erfolge aufsteigt bzw. aus denen man aufgrund fehlender Plazierungen absteigt. Da es zu jeder Züchterstufe auch noch eine Einteilung der Vögel in Alt- und Jungvögel (letztere sind Vögel, die in dem Jahr geboren wurden, in dem die Ausstellung stattfindet; daher liegen die Ausstellungen auch so spät im Jahr) gibt, sind insgesamt 160 Schauklassen möglich. Eine Klasse wird dann bewertet, wenn in ihr mindestens 7 Wellensittiche bzw. in einer der 20 erstgenannten Schauklassen Kollektionen (vier oder sechs möglichst gleiche Wellensittiche in größeren Käfigen) vertreten sind. Kleinere Klassen werden zusammengelegt. In einer Klasse werden Gold-, Silber- und Bronzemedaillen vergeben, zusätzlich können weitere Preise bis hin zum besten Wellensittich der Ausstellung und dem besten Gegengeschlecht (wenn der Beste also ein Weibchen ist, wird auch das beste Männchen prämiert und umgekehrt) vergeben werden. Bei allen Siegervögeln wird der Ring auf seine Korrektheit überprüft.

Die Vorbereitung zur Schau

Bevor man einen Wellensittich zur Ausstellung schickt, muß man mit ihm ein Schautraining durchführen und ihn auch noch etwas »frisieren«. Dies ist erlaubt und das Schautraining zur Erfüllung der Bedingung »Schaukondition« sogar Voraussetzung.

Beim Schautraining gewöhnt man die zur Ausstellung vorgesehenen Wellensittiche an den Schaukäfig. Dazu kann man z. B. einen alten Schaukäfig in die Voliere mit den Jungvögeln stellen und ein Stück Kolbenhirse hineinlegen. Die Vögel werden aufgrund ihrer natürlichen Neugier bald in den Käfig gehen und sich so an ihn gewöhnen. Dann wird man die Wellensittiche immer längere Zeit im Schaukäfig halten, bis hin zu vier Tagen, so daß für sie ein Aufenthalt im Schaukäfig zum normalen Alltag gehört. Während der Wellensittich im Schaukäfig sitzt, sollten ruhig auch einmal Besucher kommen, damit er sich auch an diese Situation gewöhnen kann. Dabei soll er in Augenhöhe stehen, wie später bei der Bewertung. Positiv wirkt es sich aus, wenn man bei alldem ruhig und freundlich mit den Vögeln spricht.

Die Preisrichter benutzen einen Stock, um den Wellensittich im Schaukäfig umzusetzen, damit sie ihn von beiden Seiten betrachten können. Auch daran muß ein Schauwellensittich gewöhnt sein, will man nicht von vornherein seine Chancen auf ein Minimum reduzieren.

Etwa sechs Wochen vor der Schau werden bei den endgültig ausgewählten Tieren schadhafte Federn vorsichtig gezogen. Bis zur Schau sind sie dann wieder nachgewachsen. Um weitere Beschädigungen zu vermeiden, werden die Vögel nun den Großteil des Tages einzeln gehalten, allerdings kann man sie auch in durch Drahtgitter unterteilte Käfige oder Heckboxen setzen, damit sie sich nicht so alleine fühlen. Morgens, zumindest jedoch vormittags, werden sie alle zwei bis drei Tage mit einer Blumenspritze mit lauwarmem

Auch zwei Männchen können sich gut miteinander vertragen. Das linke Männchen ist Normal Dunkelblau, das rechte Normal Hellgrün.

Wasser eingesprüht, dem manche Züchter etwas Glycerin zusetzen. Dieser Zusatz ist jedoch nicht notwendig. Bis zum Abend müssen die Wellensittiche auf jeden Fall wieder trocken sein. Durch das Einsprühen angeregt, fetten die Wellensittiche ihr Gefieder mit ihrem Bürzeldrüsensekret selbst ein, dieses ist dann glatt und liegt gut an. Besonders helle Vögel kann man auch, wenn sie sich etwa in einer Außenvoliere beschmutzt haben, ganz vorsichtig in lauwarmer Seifenlauge waschen, jedoch darf von der Lauge nichts in den Schnabel oder die Augen kommen. Danach ist gut auszuspülen und der Wellensittich muß, bis das Gefieder wieder trocken ist, an einem warmen und völlig zugfreien Standort stehen

So soll der ideale Schauwellensittich aussehen (Mit freundlicher Genehmigung des AZ-DWV)

und darf nicht gefönt werden. Sind einzelne Großfedern kurz vor der Einlieferung zur Ausstellung noch struppig, kann man sie vorsichtig kurz (!) in heißes Wasser tauchen, dann bleiben sie meist bis zum Ende der Schau glatt.

Beim Frisieren der Vögel kurz vor der Schau entfernt man vorsichtig Federn, die etwa die ideale Form der Kehltupfen oder der Wellenzeichnung, je nach Farbschlag, beeinflussen. Das Frisieren soll beim fertigen Ausstellungsvogel nicht mehr zu erkennen sein, darf also nicht zu Stufen oder gar Lücken im Gefieder führen.

Es versteht sich von selbst, daß weitere Manipulationen zum Ausschluß von der Bewertung, Ringmanipulationen sogar zum Vereinsausschluß führen. So ist es nicht gestattet, fehlende Federn einzukleben, Beine oder Füße anzumalen, wenn die Farbe nicht dem gewünschten Standard entspricht, usw. Die Preisrichter sind in aller Regel so erfahren, diese Art von Täuschungsversuchen schnell zu durchschauen.

Krankheiten verhindern, erkennen und behandeln

Krankheitssymptome

Vorbeugen ist besser als heilen, diese Devise gilt auch für die Wellensittichhaltung und -zucht. Luftige, saubere Käfige, geeignetes und qualitativ hochwertiges Futter, ausreichend Bewegung und Beschäftigung sind die notwendigen Voraussetzungen, um Krankheiten gar nicht erst auftreten zu lassen. Trotzdem können Wellensittiche an einer Vielzahl von Erkrankungen leiden.

Wie jedes Wildtier versucht auch das Heimtier Wellensittich, eine Krankheit so lange wie möglich zu überspielen. Wenn die Symptome der Krankheit dann erst für den Züchter oder Halter sichtbar sind, ist schnellste, möglichst sofortige Behandlung nötig. Daher ist es auch unbedingt notwendig, seine Wellensittiche täglich auf ihren Gesundheitszustand zu kontrollieren.

In vielen Fällen sind Krankheiten nur am Verhalten und einigen wenigen Kennzeichen zu erkennen. Dazu haben viele Krankheiten auch noch gleiche oder ähnliche Symptome. Sitzt ein Wellensittich aufgeplustert auf der Stange, während er sonst gerade um diese Zeit aktiv ist, steckt er auch tagsüber seinen Kopf wie zum Schlafen unter das Gefieder, ohne ein Bein einzuziehen (wobei Jungtiere die erste Zeit grundsätzlich noch auf zwei Beinen schlafen), stochert er nur lustlos im Futter statt zu fressen, spielt er nicht mehr, läßt er sich ohne Mühen greifen und sind seine Augen ohne Glanz, so ist schnellste Hilfe geboten. Es gibt jedoch leider auch Krankheiten, die dann schon nicht mehr zu heilen sind.

Der Krankenkäfig

Hält man mehrere Wellensittiche, so ist es am besten, einen speziellen Krankenkäfig parat zu haben. Dieser soll einerseits leicht zu reinigen und zu desinfizieren sein, andererseits dem Wellensittich auch möglichst optimale Bedingungen bieten. Auch ein normaler Einzelkäfig ist als Krankenkäfig geeignet. Zur Grundausstattung gehört auch eine Infrarotlampe, die so aufgestellt wird, daß der kranke Wellensittich den Strahlenbereich verlassen kann, wenn er dies möchte. In jedem Fall sollte der Abstand der Lampe zum Käfig mit der Hand getestet werden, damit es für den Wellensittich nicht zu warm wird. Auch leicht erkrankte Wellensittiche sollten möglichst schnell aus einem Bestand entfernt werden, damit sie nicht die restlichen Vögel anstecken.

Wie beim Menschen kann es beim Wellensittich zu inneren und äußeren Krankheiten kommen, natürlich gibt es auch Unfälle. Zuerst sollen die inneren Erkrankungen, die schwerer zu erkennen sind, danach häufig vorkommende äußere Erkrankungen und Unfälle behandelt werden.

Die Krankheiten

Erkältungen

Die vielleicht häufigste Erkrankung der Wellensittiche, vor allem der Heimvögel, ist die Erkältung. Fast immer wird sie durch falsche Haltungsbedingungen ausgelöst, denn diese Vögel sind sehr empfindlich gegen Zugluft, besonders, wenn sie gerade gebadet haben. Wie

Medikamente werden vorsichtig mit einer Pipette in den geöffneten Schnabel geträufelt.

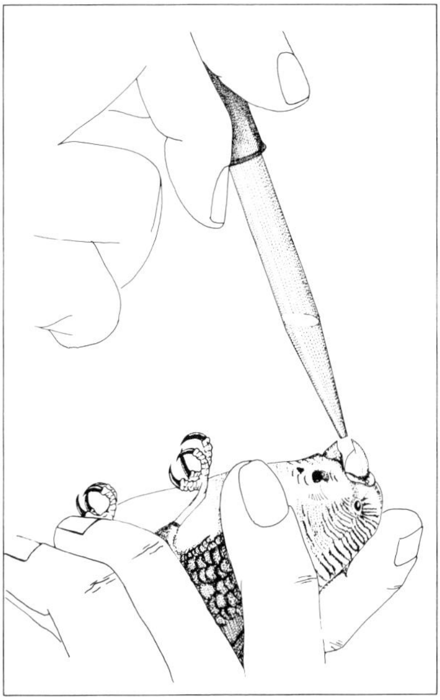

bei vielen anderen Krankheiten ist auch hier das Vorbeugen besser und einfacher als das Heilen, deswegen sollte man seine Wellensittiche möglichst gar nicht der Zugluft aussetzen.

In leichten Fällen niesen und husten die Wellensittiche gelegentlich und die Nasenlöcher sind verstopft. Sonst ist ihr Verhalten normal. In schwereren Fällen zeigen sie zusätzlich das bereits geschilderte lustlose Verhalten und aus den Nasenlöchern fließt deutlich Schleim. Gelegentlich kommt leichter Durchfall hinzu.

Zur Behandlung kann man zunächst neben der Bestrahlung mit einer Wärmelampe ein altes Hausmittel anwenden, heiße Kamillendämpfe. Auch das Trinkwasser kann durch (kalten) Kamillentee ersetzt werden. Der Fachhandel bietet zusätzlich wirksame Mittel gegen Erkältungen an.

Psittacose

Früher der Schrecken aller Papageienfreunde, hat die Psittacose oder Papageienkrankheit, in letzter Zeit meist als Ornithose bezeichnet, da sie auch bei vielen anderen Vögeln auftreten kann, viel von ihrer Gefahr verloren. Trotzdem kommt sie immer wieder vor, vor allem in größeren Beständen, und kann bei falscher Behandlung nicht nur zum Verlust des gesamten Bestandes führen, sondern auch für den Halter und alle, die mit den erkrankten Vögeln in Berührung kommen, lebensgefährlich werden. Nicht umsonst wurden daher Maßnahmen zu ihrer Früherkennung und Eindämmung ergriffen, die ausführlich bei den Voraussetzungen für die Zucht geschildert wurden.

Das Anfangsstadium der Papageienkrankheit ist schwer zu erkennen, denn die Symptome sind ähnlich denjenigen einer einfachen Erkältung. Zusätzlich kann bei den erkrankten Wellensittichen – muß jedoch nicht – starker Husten, Schleimausfluß aus Nase und Rachen, starker Durchfall und Freßunlust auftreten. Wenn daher an den Symptomen der Erkältung erkrankte Wellensittiche auf eine entsprechende Behandlung nicht bereits nach höchstens drei Tagen reagieren und vielleicht sogar erste Todesfälle auftreten, vor allem bei Jungvögeln, ist zumindest ein Verdacht auf Psittacose nicht auszuschließen.

Schon dieser Verdacht ist bereits meldepflichtig und muß dem zuständigen Amtstierarzt angezeigt werden. Durch Kotuntersuchungen erkrankter Sittiche, bei gleichzeitig einsetzender Antibiotikabehandlung, kann der Verdacht bestätigt oder entkräftet werden. Um ganz sicherzugehen, müssen einige Vögel eingehend auf Psittacoseviren untersucht werden, d.h. diese Vögel muß man dann notgedrungen opfern.

Handelt es sich tatsächlich um die Papageienkrankheit, wird der gesamte Bestand in dem dafür vorgesehenen Raum unter Quarantäne gestellt. Näheres dazu ist im Kapitel über die Voraussetzungen zur Zucht nachzulesen. Steht für die Quarantäne kein separater Raum zur Verfügung, muß meist der ganze Bestand vernichtet werden. Nur der Halter darf während der Quarantäne diesen Raum unter besonderen Schutzmaßnahmen betreten. Natürlich darf während dieser Zeit kein Vogel verkauft werden. Erst, wenn nach einer Antibiotikabehandlung über mehrere Wochen alle Kotproben wieder negativ sind, wird die Quarantäne aufgehoben. Während der Behandlung darf ausschließlich nur das mit Medikamenten behandelte Futter gereicht werden, sonst gefährdet man den Erfolg der Aktion und damit auch seinen übrigen Bestand. Die nicht unerheblichen Kosten, die dabei entstehen, sind sämtlich vom Halter zu tragen, da die Behandlung nicht von Amts wegen durchgeführt wird. Weigert sich der Halter zu bezahlen, wird die Vernichtung des Bestandes angeordnet und gegebenenfalls sogar mit Zwangsmaßnahmen durchgesetzt.

Eine Eigenbehandlung bei Verdacht auf Psittacose ohne Hinzuziehen des Amtstierarztes ist nicht nur verboten, sondern auch wenig sinnvoll. Abgesehen davon, daß die benötigten Antibiotika verschreibungspflichtig sind, ist es dem Halter unmöglich, weder den Verdacht zu bestätigen noch das Ende der Erkrankung festzustellen.

Unangenehmerweise gibt es in seltenen Fällen auch latent kranke Wellensittiche, die die Erreger der Papageienkrankheit ausscheiden, aber selbst nicht daran erkranken. Hier ist besonders der Halter gefährdet. Wenn also eine Erkältung beim Halter außergewöhnlich hartnäckig zu sein scheint, ist der behandelnde Arzt zumindest über die Möglichkeit dieser Erkrankung zu informieren. Eine Behandlung mit Antibiotika ist unproblematisch. Eine überstandene Psittacose-Erkrankung, die vom Halter noch nicht einmal bemerkt werden muß, kann durch Antikörper im Blut festgestellt werden. Wahrscheinlich sind diese Menschen dann gegen eine weitere Erkrankung immun.

Durchfall

Zu den häufigsten Wellensitticherkrankungen gehört neben den Erkältungen der Durchfall. Bei einzeln oder paarweise gehaltenen Vögeln fällt Durchfall meist sehr schnell auf, in größeren Beständen sind erkrankte Vögel jedoch oft erst am verklebten Aftergefieder festzustellen. Befallene Wellensittiche werden am besten im Krankenkäfig isoliert und mit einer Rotlichtlampe bestrahlt. Als Futter sollte Kolbenhirse gereicht werden, zu trinken gibt es dünnen schwarzen Tee. Da Durchfälle häufig durch Rückstände oder Verunreinigungen im Grün- oder Weichfutter entstehen (z. B. Pestizidrückstände in Kopfsalat), wird dieses während der Erkrankung nicht verfüttert.

Ist trotz eingeleiteter Behandlung der Durchfall innerhalb von drei Tagen nicht wieder weg, verweigert der Wellensittich vielleicht sogar die Aufnahme von Kolbenhirse, handelt es sich meist um eine kaum heilbare innere Erkrankung.

Kropfentzündung
Die Kropfentzündung entsteht wahrscheinlich durch Aufnahme verunreinigten Futters oder Wassers. Dabei würgen die Wellensittiche unter Kopfschütteln Körner und Schleim hoch, der bald das ganze Kopfgefieder verklebt. Ein Tropfen Tetracyclin hilft meist nachhaltig, unbehandelt gehen die Vögel jedoch oft schon innerhalb 24 Stunden ein.

Futter hervorwürgen
An dieser Stelle sei darauf verwiesen, daß balzende Männchen dem Weibchen immer Futter vorwürgen. Bei auf den Menschen geprägten Wellensittichen balzen die Männchen den Halter, manchmal auch einen Spiegel an und würgen ihnen das Futter vor. Dies ist sicher nicht appetitlich, aber kein Krankheitsanzeichen.

Würgen
Dreht ein Wellensittich seinen Kopf ständig unter leichtem Würgen, als würde er etwas nicht herunterschlukken können, so kann sich ein Fremdkörper im Kropf befinden. Ein Tropfen Speiseöl, direkt in den Schnabel gegeben, kann bereits helfen.

Salmonellose
Eine Infektion mit Salmonellen kommt in den letzten Jahren vor allem in Freivolieren immer häufiger vor, meist, wenn andere Vögel ihren Kot in die Voliere fallen lassen. Ganz besonders bei Tauben, aber auch bei Geflügel, wurden Salmonelleninfektionen schon festgestellt. Die befallenen und erkrankten Wellensittiche sitzen lustlos im Käfig, schlafen sehr viel, haben meist ein aufgeplustertes Gefieder, magern deutlich ab und gehen schließlich ein. Gelegentlich kann man auch Veränderungen am Kot feststellen. Weitaus unangenehmer sind die Ausscheider, die Salmonellen nur ausscheiden und andere Vögel infizieren, selbst aber nicht erkranken.

Beim Verdacht auf Salmonellose sollte möglichst frischer Kot, oder, falls schon Todesfälle vorgekommen sind, ein frisch verstorbener Vogel einem veterinärmedizinischen Untersuchungsamt oder einem mit Kleinvögeln vertrauten Tierarzt für eine sichere Diagnose vorgelegt werden. Letzterer kann dann die notwendigen Behandlungsmaßnahmen einleiten. Mit Antibiotika läßt sich die Salmonellose bekämpfen, jedoch sind gewisse Erregerstämme gegen einige Medikamente resistent, so daß auf tierärztliche Unterstützung nicht verzichtet werden kann.

Koli-Infektion
Ähnliche Symptome wie bei der Salmonellose, jedoch mit starkem Durch-

fall verbunden, bewirkt eine Infektion mit Koli-Bakterien. Auch in gesunden Vögeln ist im Kot eine gewisse Anzahl dieser Bakterien enthalten, bei einer Schwächung des Gesundheitszustands aus anderem Anlaß können diese jedoch überhand nehmen.

Auch hier ist die genaue Identifikation des Erregers nur durch Kotproben möglich und die Behandlung ebenso einzuleiten wie bei der Salmonellose. Zur Vorbeugung sollte man zum Beispiel immer auf frisches Trink- und Badewasser achten.

Kokzidiose

Hierbei kommt es zu wiederum ähnlichen Krankheitserscheinungen, jedoch mit blutigem Durchfall, in dem sich unverdaute Körner befinden können. Beim Anblasen des Bauchgefieders wird der stark verdickte und bläuliche Darm erkennbar. Auch hier gibt es wieder Ausscheider, die nicht selbst erkranken.

Folge der Erkrankung ist Vitamin-B-Mangel. Daher halten erkrankte Vögel auch oft den Kopf schief und zeigen Lähmungserscheinungen.

Im Frühstadium ist noch Heilung nach tierärztlicher Anleitung möglich. Befallene Vögel sind aber unbedingt zu isolieren, damit es zu keinen weiteren Ansteckungen kommt.

Wurmbefall

Der Befall mit Spulwürmern ist zwar in Wellensittichbeständen selten, jedoch sollte man in größeren Beständen oder in Gemeinschaftsvolieren mit Großsittichen und Papageien halbjährlich Wurmkuren zur Vorbeugung (Prophylaxe) durchführen. Geeignete Medikamente und Dosierungshinweise sind über einen Tierarzt erhältlich.

Tuberkulose

Gar nicht so selten treten Infektionen mit Tuberkulose auf. Meist wird diese Krankheit jedoch nicht erkannt, denn befallene Wellensittiche zeigen selten deutliche Krankheitszeichen. Sprechen die Anzeichen, fühlbare Geschwulste, Knochenschäden, Atemgeräusche, Tuberkelbazillen in vom Tierarzt durchgeführten Abstrichen, für diese Krankheit, sollten die befallenen Tiere schmerzlos getötet werden. Zum einen ist Tuberkulose bei Wellensittichen bis heute nicht heilbar, zum anderen ist die Gefahr der Ansteckung eines Menschen nicht auszuschließen.

Candidiasis

Bei dieser auch als Soor bezeichneten Hefepilzinfektion treten ähnliche Symptome wie bei der Kropfentzündung auf, jedoch ist im inneren Schnabelbereich eine Pilzwucherung erkennbar. Eine Behandlung ist mit Mitteln, die ein Tierarzt verordnen wird, relativ gut möglich. Glücklicherweise tritt diese Krankheit bei Wellensittichen nur sehr selten auf.

Aspergillose

Bei dieser Infektion der Atemwege bekommen die befallenen Sittiche kaum Luft. In der Lunge ist ein deutliches Rasseln zu hören. Der Erfolg einer Behandlung ist meist unsicher, allerdings werden Wellensittiche seltener als viele andere Vogelarten von Aspergillose befallen.

EMA-Syndrom

Nur bei Schauwellensittichen tritt eine Krankheit auf, die offensichtlich durch Streß verursacht wird. Dabei kommt es unter den Flügeln und um die Augen zu kleinen blutenden Rissen. Eine Behandlung mit Antibiotika kann helfen, die beste Vorbeugung ist jedoch, den Streß zu vermeiden.

Gicht

Durch zu eiweißreiche Ernährung erkranken vor allem ältere Wellensittiche häufig an Gicht. Ihre Bewegungsfähigkeit ist dann eingeschränkt, da die Gelenke anschwellen. Beim ersten Auftreten von Gichtanzeichen ist auf möglichst eiweißarme Kost umzustellen, stark befallene Vögel sollten von ihren Schmerzen erlöst werden.

Tumore

Eine der häufigen Ursachen für den Tod von Wellensittichen im Alter von fünf bis acht Jahren sind innere Tumore. Meist bleiben diese bis zum Tod unentdeckt, gelegentlich kann man sie von außen sehen oder erfühlen. Eine Heilung ist selbst bei gutartigen Tumoren nicht möglich.

Fettgeschwülste

Bei älteren Heimvögeln kommt es auch zur Bildung von Fettgrützbeuteln, die von unerfahrenen Haltern für Tumore gehalten werden. Oft sind es aber nur kleine Anhängsel, die ein Tierarzt leicht beseitigen kann.

Vitaminmangel

Wellensittiche, die nur selten oder nie Grünfutter, Obst und Gemüse erhalten oder dies nicht fressen, können unter Vitaminmangel leiden. Vitamin-A-Mangel führt zu Augenerkrankungen bis hin zur Blindheit, bei Vitamin-B-Mangel halten befallene Tiere den Kopf schief und es können Lähmungserscheinungen der Beine und Flügel auftreten. Vitamin C wird im Körper der Wellensittiche synthetisiert, daher ist hier kein Mangel zu befürchten. Vitamin-D-Mangel führt bei Jungvögeln zu Knochenerweichungen und Deformationen; Sonnenlicht und gelegentlicher Lebertranzusatz zum Futter sind aber gute Heilmittel. Durch regelmäßige Vitamingaben läßt sich gut gegen Vitaminmangel vorbeugen. Allerdings ist ein Zuviel genauso schädlich, denn auch Hypervitaminosen können das Vogelleben gefährden.

Schlaganfall

Bei älteren Wellensittichen treten relativ häufig Schlaganfälle auf. Dabei können ganze Körperhälften von einer Lähmung befallen werden oder die Vögel erblinden. Oft sind die Wellensittiche nach einem Schlaganfall auch eine Zeitlang stumm. Vögel, die nicht mehr selbst fressen können, sind schmerzlos zu erlösen. Im allgemeinen empfiehlt sich jedoch entsprechende Geduld. Oft können Schlaganfälle so weit ausheilen, daß ein Unterschied zu einem gesunden Vogel kaum mehr auffällt.

Gehirnerschütterung

Besonders bei Heimvögeln kommt es immer wieder vor, daß sie gegen Scheiben oder Einrichtungsgegenstände fliegen. Oft tragen sie dabei eine Gehirnerschütterung davon. Ruhig liegende,

Oben: So wird ein Flügelbruch geschient
Unten: ... und so ein Beinbruch.

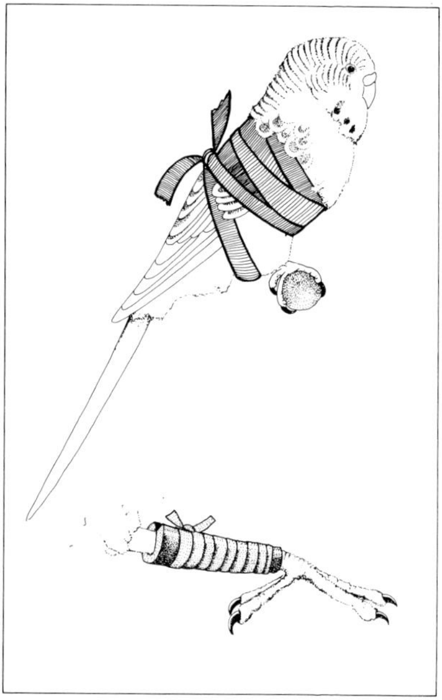

aber offensichtlich noch atmende oder gestört wirkende Vögel sollten sofort in den geschlossenen Käfig gesetzt werden. Dann gönnt man ihnen möglichst 24 Stunden vollständige Ruhe (Käfig mit Tuch bedecken). Danach sollten sie sich wieder normal verhalten.

Herzschlag
Bei fehlernährten, aber auch kerngesunden Vögeln kann es bei Streßsituationen, z.B. beim Fangen, zum plötzlichen Tod durch Herzschlag kommen. Daher sollte man Heimvögel auch nicht jagen, sondern warten, bis sie alleine wieder in den Käfig gehen, wenn man ihnen Freiflug gewährt hat. Besonders jüngere Vögel und sensible Schauwellensittiche sind verstärkt betroffen.

Blutungen
Eine der häufigsten äußeren Erkrankungen des Wellensittichs sind Blutungen, die beispielsweise nach falschem Krallenschneiden auftreten. Wenn möglich, tupft man etwas Alleskleber auf die blutende Stelle und wartet, bis dieser angetrocknet ist. Man kann auch blutstillende (z.B. mit Eisenchlorid getränkte) Watte verwenden.

Knochenbrüche
Bei Käfigvögeln, aber auch in der Voliere, kommt es gelegentlich zu Unfällen mit Knochenbrüchen. Genickbrüche sind oft tödlich, sonst sollte man die Vögel erlösen, denn es gibt keine Heilungschancen. Bei Beinbrüchen ist der Bruch einzurichten und mit einem Hölzchen zu schienen. Beim Flügelbruch wird der Flügel ebenfalls gerichtet und dicht an den Körper gebunden. Damit der Wellensittich die Verbände nicht abbeißt, muß man ihm allerdings eine Halskrause (beim Tierarzt erhältlich) anlegen, die ihn nicht am Fressen, wohl aber daran hindert, am Verband zu knabbern. Täglich ist der Verband neu anzulegen. Leidende Vögel sollten erlöst werden.

Zehen- oder Beinverlust
Durch Unfälle, meist nach Quetschungen, aber auch durch Anfrieren an Metallteile in einer Außenvoliere bei starkem Frost, kann es bei Wellensittichen zu Zehenverlusten kommen. Die Blutungen sind zu stillen, ansonsten sind

Die wichtigsten Räudemilben: a) Federling, b) Bartmilbe und c) Rote Vogelmilbe.

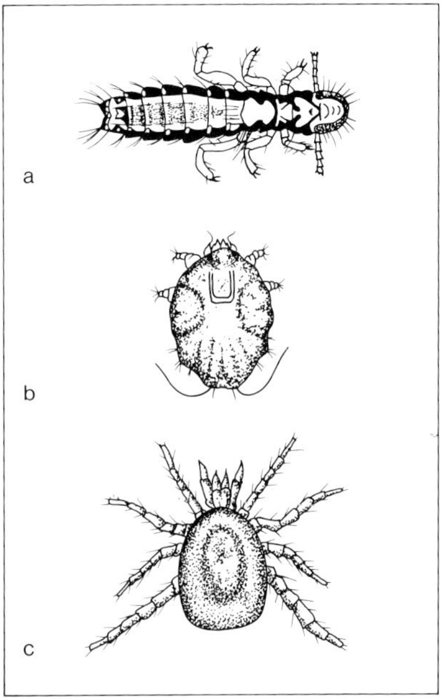

jedoch keine nachteiligen Folgen zu erwarten. Allerdings können Männchen mit Krallenfehler oft schlecht oder gar nicht mehr befruchten.

Ein Bein büßen Vögel meist durch einen Unfall ein. Färbt sich aber nach einem Beinbruch das Bein schwarz, muß es amputiert werden. Dabei ist auf eine glatte Schnittstelle zu achten. Nachdem die Blutung gestillt ist, gewöhnen sich viele Vögel schnell an die neue Situation, leidet der Vogel jedoch offensichtlich, sollte man ihn erlösen, indem man ihm eine tödliche Narkose gibt.

Rauhe Beine

Vor allem ältere Wellensittiche bekommen gelegentlich rauhe, schuppige Beine und Füße. Mit einem fetthaltigen Präparat aus dem Zoofachhandel kann man diese beseitigen.

Entzündungen an Beinen oder Füßen sind meist eine Folge unsauberer Haltung. Diese Infektionsquelle ist zu allererst zu beseitigen. Bis zur Heilung werden die befallenen Stellen täglich mit Kamillentee betupft. Der Käfigboden wird solange nur mit unbedrucktem Papier ausgelegt.

Federfressen

Aus Zuchten ist bekannt, daß Weibchen ihren Nachwuchs gelegentlich rupfen. Die genaue Ursache dafür ist noch unbekannt, aber oft hilft dagegen eine proteinreichere Ernährung. Rupft ein Vogel in mehreren Brutversuchen, muß man ihn ausscheiden, bei teuren Schauwellensittichen sollte man aber durch Futterumstellung eine Heilung versuchen.

Tritt Federrupfen oder Federfressen beim Heimvogel auf, ist für mehr Spielgelegenheit und Gesellschaft zu sorgen, denn das Federrupfen ist dann oft ein Zeichen für Langeweile. Bei Wellensittichen als Heimvögeln findet man Rupfer jedoch viel seltener als bei vernachlässigten Papageien oder Großsittichen.

Milben

Relativ häufig leiden Wellensittiche unter Räudemilben. Man erkennt sie an grauweißen Wucherungen bzw. Belägen auf allen unbefiederten Teilen des Vogels. Der Fachhandel kann hier aber geeignete Mittel empfehlen, unbe-

Durch die sogenannte »Französische Mauser« können die Vögel nicht mehr fliegen, man spricht dann von »Rennern« oder »Hopsern«.

Ein seltener, schöner Farbschlag ist der Dominante Australische Schecke, wie das abgebildete Männchen in Hellgrün.

handelt darf man die Räudemilben auf keinen Fall lassen.

Gelegentlich tritt auch die Rote Vogelmilbe auf, die sich tagsüber versteckt und nur nachts herauskommt. Befallene Tiere toben nachts und kratzen sich auch tagsüber häufig. Die Schädlinge sind sogar mit bloßem Auge zu erkennen. Hat man einen entsprechenden Verdacht, sollte man bei Käfigvögeln den Käfig nachts mit einem weißen Tuch abdecken. Am Morgen kann man dann die Milben gut auf dem weißen Untergrund erkennen. In größeren Beständen muß man einzelne Vögel regelmäßig genauer untersuchen. Eine gute Vorbeugung ist das Aufhängen von Insektenstrips, wie sie für Kleiderschränke angeboten werden. Allerdings sollten immer nur der Größe des Raums angepaßte Strips verwendet werden, die regelmäßig auszutauschen sind. Für befallene Vögel gibt es im Zoofachhandel ausgezeichnete Sprühmittel. Man sollte nur darauf achten, daß Augen und Schnabel von diesen Mitteln freibleiben.

Rennerkrankheit

Eine bisher ungeklärte Erkrankung ist der teilweise oder totale Ausfall des Großgefieders, also der langen Schwung- und der Schwanzfedern, etwa zum Zeitpunkt des Ausfliegens. Dies wird als Rennerkrankheit oder französische Mauser bezeichnet. Befallene Vögel können schlecht oder gar nicht fliegen. Wenn ihnen nach einigen Wochen das Gefieder wieder nachwächst, ohne kurz darauf wieder auszufallen, sind sie für Zucht oder Heimtierhaltung durchaus noch geeignet, ansonsten sollte man ihnen weitere Leiden ersparen.

Mauser

Natürlich ist die Mauser keine Krankheit, zumindest wenn sie normal verläuft. Vögel reagieren auf den jahreszeitlichen Wechsel im Frühjahr und Herbst mit der Mauser. Dabei wechseln sie große Teile des Groß- und Kleingefieders. Der Mauservorgang selbst dauert etwa drei Wochen. Wellensittiche in der Mauser sind relativ ruhig und auch nicht brutlustig. Werden Wellensittiche bei ständig gleichen Bedingungen gehalten, wie es oft bei Heimvögeln der Fall ist, kann sich die Mauser auch über das ganze Jahr hinziehen, d.h. es werden ständig Federn gewechselt, die auch sofort wieder nachwachsen. Kahle Stellen treten dabei jedoch nicht auf.

Vögel, die man zur Zucht verwenden will, sollten in der zuchtfreien Zeit et-

was kühler gehalten werden, um ihnen die Mauser zu erleichtern. Über das ganze Jahr verteilt sollten ausreichend Mineralstoffe (Kalk) gegeben werden, auch dies beugt Schwierigkeiten bei der Mauser vor.

Verfettung
Wellensittiche mit zuwenig Bewegung, vor allem Heimvögel, können an Verfettung leiden. Bläst man in ihr Bauchgefieder, erkennt man gelbliches Fettgewebe statt rosiger Haut. Diese Vögel brauchen Bewegung, eventuell muß man sie zum Fliegen zu zwingen versuchen, zumindest jedoch zum Laufen. Das Futter ist auf fettarmes Körnerfutter, Grünfutter und einige Vitamine zu reduzieren.

Legenot
Vor allem junge Wellensittichweibchen, die zum ersten Mal legen, aber auch weibliche Heimvögel können unter Legenot leiden. Dabei muß keineswegs immer ein Männchen vorhanden sein. Die Vögel sind dann nicht in der Lage, das schon fertige Ei abzulegen. Weibchen mit Legenot sitzen aufgeplustert auf der Stange, wippen mit dem Schwanz und atmen heftig. Die Kloakengegend ist meist stark gerötet und verdickt. Befühlt man den Bauchbereich, kann man oft das Ei erfühlen.

In der Regel hilft schon eine Wärmebehandlung und eine leichte Massage des Bauchbereichs. Man kann auch etwas Speiseöl vorsichtig in die Kloake geben und auch in deren Umgebung verreiben oder das Weibchen in feuchte Umschläge packen.

Helfen alle Mittel nicht, sterben Weibchen mit Legenot leider sehr schnell unter starken Schmerzen. Auch das Zerstören des Eis im Körper hilft nicht, denn die Verletzungen durch die Eischalen sind meist ebenso tödlich.

Vorbeugend sollte man Wellensittiche immer ausreichend mit Mineralstoffen und vitaminreichem Futter versorgen, vor allem in der kälteren Jahreszeit ist etwas Lebertran zu reichen.

Krankheiten erkennen

Um die Diagnose von Krankheiten zu erleichtern, soll die folgende Übersicht eine erste Zuordnung der auftretenden Symptome zu häufigen Erkrankungen ermöglichen. Sie ersetzt jedoch nicht den Vergleich mit den zuvor ausführlicher aufgeführten Krankheitssymptomen. WS steht für Wellensittich.

Symptom	Mögliche Ursache(n)	Behandlung
WS niest und hustet	Erkältung	Zugluft abstellen, heiße Kamillendämpfe
WS hat Nasenausfluß	Erkältung	Medikament aus dem Zoofachhandel anwenden
WS sitzt lustlos auf der Stange, frißt nicht	verschiedene	Lieblingsfutter anbieten, weiter beobachten
WS plustert Gefieder auf	verschiedene	weiter beobachten
WS steckt Kopf unter das Gefieder	WS schläft	keine, wenn dies nicht zu lange dauert
WS zieht Bein ein	WS ist müde	keine, wenn dies nicht zu lange dauert
WS verliert Federn	Mauser	keine
Scheinbare Erkältung heilt in drei Tagen nicht aus, erste Todesfälle	Psittacose	Veterinäramt benachrichtigen
WS hat Durchfall	falsches Futter?	Körnerfutter reichen
Durchfälle dauern mehr als drei Tage	verschiedene	käufliche Mittel anwenden
WS magert ab	1. Futtermangel	Futtergefäße kontrollieren
	2. bakterielle Infektion?	Kotuntersuchung
	3. andere Ursache	

Symptom	Mögliche Ursache(n)	Behandlung
WS sitzt nach kurzzeitig unbeobachtetem Freiflug ruhig auf dem Boden	Gehirnerschütterung	24 Stunden völlige Ruhe
WS zeigt Lähmungen	1. Vitamin-B-Mangel	Ernährung umstellen
	2. Schlaganfall	s. vorhergehendes Kapitel
WS dreht den Kopf und würgt	Fremdkörper verschluckt	bei längerer Dauer einen Tropfen Speiseöl eingeben
WS würgt Schleim hervor	Kropfentzündung	Antibiotika
WS würgt Futter hervor	Balz	keine
WS hat verdickte Gelenke, kann nur noch schwer klettern	Gicht	Eiweißarme Kost
WS kratzt sich häufig	Milben	Sprühmittel
WS rupft seine Federn aus	Langeweile	mehr Beschäftigung
WS sitzt aufgeplustert auf der Stange, After gerötet, Ei spürbar	Legenot	s. voriges Kapitel
Geschwulst spürbar	1. Tumor 2. Fettgeschwulst	1. keine 2. abschneiden

Allergien

Nicht nur der Wellensittich kann krank werden, auch der Mensch kann aufgrund des Kontakts mit Wellensittichen erkranken. Ein Beispiel dafür, die Psittacose oder Ornithose bzw. Papageienkrankheit, wurde bereits erwähnt.

Die sicher häufigsten menschlichen Erkrankungen, die durch den Kontakt mit Vögeln, also auch Wellensittichen, auftreten können, sind allergische Reaktionen. Diese können sich auf unterschiedliche, mehr oder weniger unangenehme Art und Weise auswirken.

Im einfachsten Fall sind die Reaktionen kaum bemerkbar und werden oft gar nicht dem Kontakt mit dem Wellensittich zugeschrieben. Nach Kontakt mit Federn kann es zu einem leichten Juckreiz kommen. Dieser läßt schnell nach. Auch häufiges Niesen in Gegenwart von Wellensittichen braucht den Halter, sofern es nicht zu stark wird, nicht von seinem Hobby abzuhalten.

Der Gefiederstaub, den die Wellensittiche zwar weniger als etwa Großpapageien, aber immerhin bemerkbar produzieren, kann erheblich stärker wirken. Es kann zu Hautausschlägen, roten, schuppigen Flecken im Gesicht und auf dem Körper und Atembeschwerden bis hin zu starken asthmatischen Anfällen kommen. Bei starken Beschwerden muß auf die Wellensittichhaltung verzichtet werden. Bei leichteren Reizungen helfen oft Ionisatoren, die den entstehenden Gefiederstaub binden. Vor allem bei plötzlich auftretenden allergischen Reaktionen sollte man zuerst einen Versuch mit einem guten Ionisator unternehmen.

Auch die kleinen Gefiederteilchen, die von den Wellensittichen fast ständig abgegeben werden, können für mehr oder minder starke allergische Reaktionen beim Halter verantwortlich sein. Hier gilt dasselbe wie für den Gefiederstaub.

Auch gegen Milben kann man als Mensch allergisch sein. Hier hilft jedoch eine Behandlung der Wellensittiche mit den auf dem Markt erhältlichen wirksamen Sprays.

Schließlich kann man auch gegen Staub allergisch sein, der im Futter entsteht. Dann sollte man möglichst staubfreies Futter verwenden (Kolbenhirse) und anderes Futter erst an der frischen Luft vom Feinstaub befreien. Schließlich ist beim Reinigen der Käfige und Futtergefäße ein in Apotheken erhältlicher Mundschutz zu tragen.

Außerdem enthalten einige Grünfutter-Anteile auch Pollen. Hier kann man aber durch Futterumstellung leicht gegensteuern, wenn der Halter für Heuschnupfen empfindlich ist.

Insgesamt gesehen, treten Allergien bei der Haltung von Wellensittichen seltener auf als bei anderen Heimtieren. Da jedoch die Zahl der Allergiker in den letzten Jahren stetig zugenommen hat, sollte man bei einer Allergie den Facharzt auch auf den Wellensittich als Haustier aufmerksam machen. Außerdem sollte man auch Feder- sowie Futterproben bei einem Allergietest berücksichtigen.

Ein Wellensittichpärchen in Grau- und Olivgrün. Das Weibchen links ist ein Zimtopalin, das Männchen ein Normalvogel

Literaturverzeichnis

AZ-Standard Wellensittiche (Ausgabe 1988). Alfeld.

Bielfeld, H.: Wellensittiche: Arten, Haltung, Pflege, Ernährung, Zucht. Falken-Verlag, Niedernhausen 1983.

–: Der Kanarienvogel. Stuttgart 1986.

Delpy, K.H.: Volieren, Planung, Bau und Einrichtung. Lehrmeisterbücherei, Albrecht Philler Verlag, Minden, o.J.

DWV-Sonderheft – Wellensittiche – Teil II, Beilage zu den AZ-Nachrichten 12, 1982.

DWV-Sonderteil – Wellensittiche –, Beilage zu den AZ-Nachrichten 12, 1977.

Kemna, W.: Krankheiten der Stubenvögel. Lehrmeisterbücherei, Albrecht Philler Verlag, Minden 1976.

Radtke, G.A.: Wellensittiche – mein Hobby. Franckh-Kosmos, Stuttgart 1981, 7. Aufl.

–: Handbuch für Wellensittichfreunde. Franckh-Kosmos, Stuttgart, 1982, 3. Aufl.

–: Die Farbschläge des Wellensittichs. Lehrmeisterbücherei, Albrecht Philler Verlag, Minden 1983, 10. Aufl.

–: Wellensittiche, Hausgenossen und Schauvögel (Enzyklopädie der Papageien und Sittiche, Bd. 9). Horst Müller Verlag, Walsrode 1984.

Robiller, F.: Käfige – Volieren. VEB Deutscher Landwirtschaftsverlag, Berlin 1983.

Rutgers, A.: Wellensittiche. Eugen Ulmer Verlag, Stuttgart 1976, 2. Aufl.

Sabel, K.: Naturgemäße Finkenzucht, Sämereien und Wildfutterpflanzen für europäische und außereuropäische Körnerfresser. Joko Verlag, Bassum 1983.

Thiebes, A.: Der zahme und sprechende Wellensittich. Lehrmeisterbücherei, Albrecht Philler Verlag, Minden o.J.

–: Der Wellensittich. Lehrmeisterbücherei, Albrecht Philler Verlag, Minden 1980 (Neuauflage).

Verwendete Zeitschriften:

AZ-Nachrichten

Wellensittich-Magazin

Die Gefiederte Welt

Geflügel-Börse

Vereine und Verbände

Wer sich einige Zeit mit Wellensittichen beschäftigt hat, wird vielleicht den Wunsch verspüren, mit anderen Wellensittichfreunden und -züchtern zu einem Erfahrungsaustausch zusammenzutreffen. Sicher möchte man dann auch einmal eine Ausstellung besuchen, einen Vortrag über Wellensittiche hören, Antwort auf ein ganz bestimmtes Problem suchen oder einfach nur seine Kenntnisse über Wellensittiche erweitern wollen. Vielleicht möchte man aber auch die Zucht von Schauwellensittichen beginnen und auf Ausstellungen an gutes Zuchtmaterial kommen, dann ist es sinnvoll, einem Verein beizutreten.

Leider ist es vor Ort relativ schwer, an die entsprechenden Adressen zu gelangen. Gelegentlich gibt es Zoohändler, die über die Ortsgruppentreffen informiert sind, manchmal weiß auch die Gemeindeverwaltung, wenn sie einen Veranstaltungskalender führt, hierüber Bescheid. Am besten ist es jedoch, sich an die überregionalen Geschäftsstellen der großen Züchterverbände zu wenden. Rückporto bitte nicht vergessen.

Die Adressen lauten:

Vereinigung für Artenschutz, Vogelhaltung und Vogelzucht (AZ) e.V.

Geschäftsstelle: Helmut Uebele, Untere Au 28–30, D-7150 Backnang, Tel.: 07191/82439.

In der AZ haben sich etwa 25000 Vogelliebhaber in über 300 Ortsgruppen zusammengeschlossen. Im Herbst beginnen die örtlichen Vogelschauen, den Abschluß der Schausaison bildet die Bundesschau Anfang Dezember, auf der in den letzten Jahren jeweils mehr als 5000 Schauwellensittiche ausgestellt wurden.

Innerhalb der AZ gibt es den Deutschen Wellensittichzüchter-Verein (AZ-DWV). Der Obmann des DWV steht auch für die Beantwortung von Züchteranfragen zur Verfügung: Theo Vins, Glockenspitz 455, D-4150 Krefeld-Bockum, Tel.: 02151/540230.

Deutscher Kanarienzüchter-Bund (DKB) e.V. – Fachgruppe Sittiche

Kontaktadresse: Walter Reitmeier, Spitzwegstr. 36, 4703 Bönen, Tel.: 02383/7944

Im DKB mit über 15000 Mitgliedern hat sich eine eigene Fachgruppe Sittiche gebildet, die örtliche Schauen bis hin zu einer Deutschen Meisterschaft veranstaltet. DKB und AZ erkennen gegenseitig ihre Ringe als Selbstzuchtnachweis an.

Deutsche Standard-Wellensittich-Züchter-Vereinigung (DSV) e.V.

Kontaktadresse: Herbert Hummel, Alte Landstraße 35, 8708 Würzburg-Gerbrunn, Tel.: 0931/707347

Im DSV als der kleinsten dieser drei Vereinigungen haben sich knapp 1200 Schauwellensittichzüchter zusammengeschlossen, die ihre Vögel ebenfalls auf örtlichen und überregionalen Schauen nach anerkannten Standards bewerten lassen. Auf den letzten Bundesschauen wurden immer zwischen 2000 und 2500 Wellensittiche ausgestellt. Auch ihre Ringe werden von AZ und DKB anerkannt und umgekehrt.

In Frankreich, Österreich, der Schweiz, den Niederlanden und England gibt es ebenfalls Wellensittichzüchter-Vereine, über deren Adressen die obengenannten Personen Auskunft geben können.

Wichtige Fachzeitschriften

AZ-Nachrichten (AZN) heißt das monatliche Mitteilungsblatt der AZ. Für Mitglieder ist der Bezug der AZN im Mitgliedsbeitrag enthalten. Auf über 60 Seiten finden sich viele Beiträge über Vögel, davon mindestens einer über Wellensittiche, sowie Mitteilungen der Orts- und Ländergruppen und Verkaufsanzeigen von Schauwellensittichen. Auch Nichtmitglieder können einzelne Hefte (zur Zeit gegen Voreinsendung von 4,– DM) über die Geschäftsstelle beziehen. Dort sind auch die Abonnementsbedingungen zu erfragen.

Wellensittich-Magazin erscheint monatlich im PDV Sachbuchverlag GmbH, Postfach 810663, 3000 Hannover 81, und beschäftigt sich ausschließlich mit Fragen, Berichten und Kommentaren rund um den Wellensittich. Schriftleiter ist T. Vins (s. AZ-DWV). Im Wellensittich-Magazin ist eine größere Anzahl von Züchterangeboten enthalten.

Kanarienfreund ist das zweimal im Monat erscheinende Mitteilungsblatt des DKB, in der jedoch die Fachgruppe Sittiche eine eigene Sparte hat. Der Kanarienfreund kann auch beim Hanke-Verlag, Postfach 1040, 7530 Pforzheim, bezogen werden.

Die Gefiederte Welt ist die älteste deutsche Fachzeitschrift und erscheint monatlich im Verlag Eugen Ulmer, Wollgrasweg 41, 7000 Stuttgart 70. Sie ist auch im gutsortierten Zeitschriftenhandel (Bahnhofsbuchhandel) erhältlich und enthält neben vielen Beiträgen aus allen Gebieten der Vogelkunde auch Artikel über Wellensittiche sowie Verkaufsanzeigen und Hinweise für Züchter zum Tausch und zur Übernahme von Vögeln.

Geflügel-Börse heißt eine im Verlag Jürgens KG, Industriestraße 5, Postfach 4, 8034 Germering, vierzehntägig erscheinende Zeitschrift. Im großen Anzeigenteil dieses auch im gutsortierten Zeitschriftenhandel erhältlichen Magazins finden sich regelmäßig Verkaufsanzeigen für Schauwellensittiche.

Die Voliere erscheint achtmal jährlich im Verlag Schaper, Postfach 810669, 3000 Hannover 81, und enthält neben reich bebilderten Beiträgen zu allen Bereichen der Vogelkunde auch Verkaufsanzeigen.

Fachwörterverzeichnis

Albino: Wellensittich, bei dem alle Farbstoffe auf Federn und Haut sowie in den Augen (die dadurch rot sind) durch eine (→) Mutation fehlen. Dadurch ensteht ein Vogel mit reinweißem Gefieder.
Altvögel: Wellensittiche, die älter als ein Jahr sind.
Balz: Der Paarung vorausgehendes, meist vom Männchen eingeleitetes Ritual mit bestimmten Bewegungen und Handlungen (z. B. Füttern des Weibchens durch das Männchen), das beide Partner in die richtige Stimmung für die (→) Kopulation und die nachfolgende Brut bringen soll.
Blaureihe: Alle Wellensittiche, die durch Ausfall des gelben (→) Fettfarbstoffs keine gelbe Grundfarbe mehr im Gefieder haben (Ausnahme: (→) Gelbgesichter), gehören zur Blaureihe, die anderen zur (→) Grünreihe.
Brutkondition: Um eine Brut erfolgreich durchführen zu können, müssen die Eltern in einer guten körperlichen Verfassung sein. Außerdem müssen beide Eltern gut miteinander harmonieren.
Chromosomen: Träger der Erbinformationen in den Zellen. In der Ei- sowie in der Samenzelle der Partner befindet sich je ein halber Satz, aus denen der Satz für den Jungvogel bei der Befruchtung kombiniert wird. Die Chromosomen bestehen aus (→) Genen.
dominant: Bezeichnung für eine äußerlich sichtbar weitervererbte Eigenschaft, die alle anderen verdeckt.
Eumelanin: Schwarzer bzw. brauner Farbstoff, der für die Farbe der Wellenzeichnung beim Wellensittich verantwortlich ist.
Falben: Wellensittiche, bei denen das (→) Eumelanin durch das rötlichbraune (→) Phäomelanin ersetzt wurde.
Farbschlag: Bezeichnung für eine bestimmte, im (→) Standard festgelegte Ausprägung der möglichen Farben.
Fettfarbstoff: Gelbe Grundfarbe des Wellensittichs, die in den Federn eingelagert ist.
Frisieren: Bezeichnung für kleine Korrekturen am Gefieder vor einer Ausstellung.
Gelbgesichter: (→) Mutation, bei der nicht die gesamten gelben Fettfarbstoffe ausgefallen sind, sondern auf der (→) Maske (Typ I) oder auf Maske und als leichter Anflug auf dem Gefieder (Typ II) Reste der Fettfarbe verbleiben.
Gen: Bestandteil der (→) Chromosomen, eigentlicher Träger der Erbinformation.
geschlechtsgebunden: (→) rezessive Vererbung, bei der die (→) Gene, die die Erbinformation tragen, auf den Geschlechts(→)chromosomen sitzen.
Grauflügel: Wellensittiche, bei denen die schwarze Grundfärbung durch Verdünnung der (→) Eumelanine zu grau reduziert wird.
Grundfarben: Weiß und Gelb, die bei allen Wellensittichen übrig bleiben, wenn alle anderen Farben wegfallen, werden als Grundfarben bezeichnet.
Grünreihe: Alle Wellensittiche, bei denen die gelbe (→) Grundfarbe vorhanden ist.
Haubenwellensittich: Wellensittich, bei dem durch eine (→) Mutation einige Federn auf dem Kopf anders wachsen als normal und verschiedene Formen von Hauben bilden (Rund-, Halbrund- und Spitzhaube).

Heckbox: Bezeichnung für einen Zuchtkäfig, in dem nur ein Pärchen zur Zucht angesetzt wird.
Hellflügel: Verdünnung des (→) Melanins bis zum fast völligen Fehlen ohne Beeinflussung der Grundfarbe.
Inos: Sammelbezeichnung für (→) Albinos und (→) Lutinos.
Inzucht: Verpaarung, von verschwisterten Wellensittichen, kann zu körperlichen und geistigen Schäden führen.
Kloake: Öffnung am After, die sowohl für die Übertragung der Geschlechtsprodukte bei der (→) Kopulation, zur Eiablage und auch zur Kotabgabe dient.
Kondition: Körperlicher Gesamtzustand des Wellensittichs.
Kopulation: Paarung mit Übertragung der Samenzellen.
Lacewing: Wellensittiche, die durch Kombination der (→) Zimter und (→) Inos entstanden sind und auf weißem oder gelbem Grund des Gefieders eine schwache braune Wellenzeichnung zeigen.
Letalfaktor: Auftreten von Erbfaktoren, die zu einer erhöhten und vererbungsbedingten Sterblichkeit der Jungvögel im Ei oder kurz nach dem Schlupf führen.
Lutino: Wellensittich, bei dem alle Farben bis auf die gelbe Fettfarbe ausgefallen sind und auch auf Haut und in den Augen fehlt.
Melanine: Alle dunklen Farbstoffe von Hellbraun bis Schwarz.
Mutation: Sprunghafte Veränderung der Gene, die für ein verändertes äußeres Erscheinungsbild verantwortlich gemacht wird.
Normalvögel: Wellensittiche, bei denen die Wellenzeichnung des Wildvogels erhalten geblieben ist.
Opaline: Wellensittiche, bei denen die Wellenzeichnung teilweise zugunsten der Gefiederfarbe ausgefallen ist.
Phäomelanin: Rotbrauner Farbstoff, der beim (→) Falben für die Farbe der Wellenzeichnung vorhanden ist.
Pigmente: Alle Fettfarbstoffe und Melanine, im Gegensatz zu den (→) Strukturfarben.
Psittacoseverordnung: Gesetzliche Grundlage der Wellensittichzucht, die von jedem Züchter beachtet werden muß.
rezessiv: verdeckt vererbte Erbinformation, die nur sichtbar wird, wenn beide Eltern diese Erbanlage vererben.
Schaukondition: Wellensittiche, die auf einer Schau ausgestellt werden sollen, müssen einen guten Gefieder- und Gesundheitszustand haben.
Schauwellensittich: Bezeichnung für das Erscheinungsbild der von den Verbänden im (→) Standard geforderten Ausstellungsvögel.
Schecken: Wellensittiche mit einem teilweisen Totalausfall der (→) Melanine.
Schwarzaugen: Wellensittiche mit ähnlichem Erscheinungsbild wie die (→) Inos, aber durch Kombination von Schecken entstanden und mit schwarzen Augen.
spalterbig: Verdeckt getragene Erbinformation, (→) rezessiv oder (→) geschlechtsgebunden, die bekannt ist. Die Angabe erfolgt hinter einem Schrägstrich, vor dem die offen getragene Erbinformation steht.
Spangle: Verdünnung der Grundfarbe bei (→) Opalinen.

Standard: Von Verbänden gemeinsam festgelegtes Zuchtziel bei der Zucht von (→) Schauwellensittichen.
Strukturfarben: Gefiederfarben, die durch optische Effekte entstehen, beim Wellensittich z. B. blau.
Teilmauser: Wechsel des Kleingefieders, z. B. bei wenige Monate alten Jungvögeln.
Vererbung: Übertragung von Erbinformationen.
Vollmauser: Wechsel des gesamten Gefieders bei (→) Altvögeln im Frühjahr und Herbst.
Zimter: Wellensittiche, bei denen die Wellenzeichnung durch das (→) Eumelanin braun gefärbt ist.
Zuchtreserve: Bis zum Beginn der neuen Zuchtsaison zurückgehaltene Jungvögel, die als Ersatz bei Ausfall der normalerweise vorgesehenen Zuchtvögel zum Einsatz kommen sollen.

Register

Bildquellen

Horst Bielfeld, Jameln: Seite 9, 14, 27, 29, 32, 37, 46, 55, 56, 63, 67, 70, 71, 91, 108

Harro Hieronimus, Solingen: Seite 40, 42

Hans Reinhard, Heiligkreuzsteinach-Eiterbach: Titelseite, Seite 2, 7, 11, 23, 52, 57, 75, 79, 92, 98, 109, 113

Theo Vins, Krefeld: Seite 82, 85, 86, 89, 90